웨스트민스터 대교리문답 STUDY

I

Study by Westminster larger Catechism

장대선 지음

고백과 문답

웨스트민스터 대교리문답 STUDY I
Study by Westminster larger Catechism

초판 1쇄 인쇄   2022년 2월 22일
초판 1쇄 발행   2022년 2월 22일

저자   장대선

발행처   고백과 문답
출판신고   제2016-000127호
주소   서울특별시 영등포구 신길동 120-32, 101호
전화   02-586-5451

편집   고백과 문답
디자인   최주호
인쇄   이래아트(02-2278-1886)

ISBN   979-11-971391-5-4 03230

값 15,000원

Study by Westminster larger Catechism

웨스트민스터 대교리문답 STUDY의 사용

1647년 1월 14일에 웨스트민스터 총회는 성숙한 사람들의 신앙의 일치를 위하는 단단한 '고기'와도 같은 것으로서 대교리문답(Larger Catechism)을 채택했습니다. 그런즉 부드러운 우유와도 같은 난이도로 작성된 소교리문답(Shorter Catechism)에 비해, 대교리문답의 이해와 그 활용은 고도의 신학적 역량이 발휘되어야만 합니다. 그럼에도 불구하고 지금까지 국내에서는 소교리문답이 주된 교리교육의 수단이었던 것에 비교하여 상당히 제한적으로 신앙고백서(Confession of Faith)가 활용되었으며, 대교리문답의 활용과 해설은 오래도록 진전이 없다시피 했던 것이 사실입니다. 그러므로 대교리문답을 바르게 이해하고 해설하여 사용하기 위해서는 방대한 분량의 대교리문답의 해설서인 토마스 리즐리(Thomas Ridgley, 1667-1734)의 「신학의 본체」(A Body of Divinity)와 같은 책을 섭렵하는 것이 필수적입니다만, 2,200페이지가 넘는 분량의 영어 본문을 정독하여 분석하고 활용하는 일은 참으로 어려운 것이 현실입니다.

그러나 웨스트민스터 신앙고백서의 성경본문 배경과 그 실천적 이해를 도모한 「웨스트민스터 신앙고백 스터디」를 발행한 저자는, 신앙고백 스터디에서의 분석과 해설을 토대로 암기를 요하는 교리문답의 특성을 감안한 본 서를 통해서 대교리문답에 대한 입문과 더불어서 교회적인 활용을 강구할 수 있는 현실적 대안을 제시했습니다.

먼저 교리문답 부분에서는, 문답의 핵심적인 키워드(keyword)를 고딕체의 굵은 글씨로 표기함으로써, 교리문답의 핵심적인 요지를 한눈에 시각적으로 담아볼 수 있도록 했습니다. 그러므로 독자들은 먼저 교리문답을 한 장의 사진에 담아 두듯이 머릿속에 기억하도록 합니다. 또한 익숙한 해설과 문제풀이를 통해서 교리문답에 담긴 의미들을 진지하게 살펴보고 고찰해 볼 수 있도록 했습니다. 아울러 부가적인 자료들을 함께 첨부하여 우리의 신앙생활에 적용하며 접목할 수 있도록 했으니, 이를 통해서 우리의 구체적인 신앙생활의 현장과 상당부분 연계해 볼 수가 있습니다.

무엇보다 대교리문답의 각 조항들의 스터디를 마무리하기에 앞서서, 간단한 OX 퀴즈와 더불어서 앞서 시각적으로 기억한 교리문답의 요지인 키워드들을 다시 한 번 떠올려 암기할 수 있도록 하는 목적의 괄호 넣기 퀴즈를 첨부하였습니다. 이러한 몇 단계에 걸친 암기와 해설, 그리고 퀴즈를 통해서 독자들은 대교리문답의 문구들이 나타내고 있는 뜻과 의미들을 숙고해 볼 수가 있을 것입니다.

끝으로 각 문답들을 주제와 단원별로 구별하여 취합하여 둠으로써, 교리문답의 구조를 고려하는 문맥 가운데서 전체적인 대교리문답의 흐름을 염두에 둘 수 있도록 편집하였으니, 웨스트민스터 총회의 신학자들의 신학적인 주제들을 아우르며 최종적으로 변증한 장로교회의 신학자들이 지닌 신학적 면면을 토대로 하는 교리문답의 각 문구들과 증거본문들에 대한 고찰과 유기적인 이해를 도모함으로써, 우리 시대의 신앙과 현실 가운데서 대교리문답이 선하게 활용될 수 있기를 고대합니다.

웨스트민스터 대교리문답에 관하여

16세기 종교개혁 이후 로마 가톨릭 교회와 구별된 프로테스탄트 교회들은 각자 종교개혁의 정신을 계승한 '신앙고백'들을 도출했습니다. 그 가운데 특별히 웨스트민스터 종교회의는 1643년 영국과 스코틀랜드 사이에 맺어진 엄숙동맹 서약에 근거해 있습니다. 즉, 개신교회들은 종교개혁 이전의 중세 가톨릭의 부패한 신앙과 구별된 참되고 성경적인 신앙이 무엇인지를 밝힘으로서 가톨릭과의 분명히 구별된 신앙의 행보를 시작했던 것입니다. 그러나 개신교회들의 신앙고백은 단순히 가톨릭과의 구별만을 나타내고 있는 것이 아니었습니다. 오히려 개신교회의 신앙고백은 성직자나 특정한 교회의 권위에 근거하는 것이 아니라, 오직 성경에 근거하는 참된 신앙의 일치된 고백을 통해 교회로 모이려는 취지를 더 깊게 내포하고 있었습니다. 그러므로 웨스트민스터 종교회의에서의 서약 제1항은 "우리는 세 왕국(잉글랜드, 스코틀랜드, 아일랜드)에 산재한 하나님의 교회들을 위하여 신앙과 고백의 일치, 교회 정치형태의 일치, 예배 모범과 교리문답의 일치를 가져올 것을 노력해야만 한다"고 선언하고 있습니다. 그리하여 웨스트민스터 종교회의는 교리문답을 준비하는 책임을 심각하게 인식하고 이 작업을 수행할 위원회를 즉각 임명했습니다.

위원회는 1647년 1월에 한 개 대신 두 개의 교리문답서를 만들 것을 결정했습니다. 1647년 1월 14일, 웨스트민스터 총회는 "위원회가 준비한 두 개의 교리문답, 즉 방대한 분량의 문답(Larger Catechism. 대교리문답)과 좀 더 단순하게 요약된 문답(Shorter Catechism. 소교리문답)의 발의를 채택했는데, 소교리문답은 어린아이와 같은 수준의 사람들의 신앙의 일치를 위하는 부드러운 '우유'와 같은 것이며, 대교리문답은 좀 더 성숙한 사람들의 신앙의 일치를 위하는 단단한 '고기'와 같다고 비유되기도 합니다.

그러나 안타깝게도 한국의 장로교회들은 17세기 웨스트민스터 총회의 유산인 웨스트민스터 표준문서가 다루는 신학을 따른다고 하면서도, 정작 웨스트민스터 표준문서 가운데서 교회들에서 사용되는 것은 대부분 소교리문답 뿐이었던 것이 현실이었습니다. 심지어 그조차도 현대의 장로교회들에서는 거의 활용되지 못하는 실정인데, 그처럼 웨스트민스터 표준문서들이 활용되지 못하는 것은 이미 현대의 장로교회들에 너무나 많은 이설(異說)들이 난무하기 때문일 것입니다. 표준(standard)이 되는 문서에 내포되어 있는 신앙을 따르며 추구한다는 것은, 곧 그처럼 다양한 이설들과 그에 바탕을 둔 프로그램들을 버려야 하는 현실에 봉착하게 되는데, 웨스트민스터 표준문서의 신앙을 확고하게 받아들이고 따르지 못하기에 이미 들어와 있는 이설들과 프로그램들을 버리지 못하는 것입니다. 그러나 사도 바울은 유대교와 헬라철학에 박식한 자였지만, 그가 그리스도의 복음을 받고 깨닫게 되었을 때에 스스로 이르기를 "내가 그를 위하여 모든 것을 잃어버리고 배설물로 여김은 그리스도를 얻고 그 안에서 발견되려 함이니"(빌 3:8-9)라고 했습니다. 그런즉 웨스트민스터 표준문서의 신학을 따르는 장로교회들이라고 한다면, 당연히 표준문서에 담긴 복음적인 신학 외의 온갖 이설들과 프로그램들을 지금이라도 버려야 마땅할 것입니다.

감사하게도 근래로 한국의 장로교회들 가운데 웨스트민스터 표준 문서를 다시 손에 들기 시작한 교회들이 늘어나고 있습니다. 아직은 미약하고 초보적인 수준이기는 하지만, 그처럼 반가운 분위기 가운데서 소교리문답보다도 훨씬 방대하며 깊이 있는 대교리문답을 온 교회의 성도들이 함께, 혹은 가정에서, 그리고 개인적으로도 살펴보는 데에 이 교재가 유익하게 활용되기를 바랍니다.

장대선 목사

"대한예수교장로회는 아래 신조(12신조)를
목사와 장로와 집사와 강도사로 하여금
승인할 신조로 삼는 것은 대한예수교장로회를 설립한
모교회의 교리적 표준과 역사적 교회 신조들을 받아 계승하며
특별히 웨스트민스터 신앙고백서와 대·소교리 문답은
성경을 밝히 해석한 책으로 인정하고 신앙의 표준으로 삼아
성경을 밝히 가르칠 것이며 그 중에 소교리 문답은
더욱 우리 교회 문답책으로 채용하는 것이다."

대한예수교장로회 헌법 제2장 신조 서언

Study by Westminster larger Catechism

목차

Part 1

사람이 반드시 믿어야 할 것

1
근원적 교리

여러분의 인생은 어디에 목적을 두고 있습니까? '진화론'이 주장하는 바와 같이 사람이 우연적으로 생기게 된 것이라면, 원시지구의 대기와 우연적인 폭풍 가운데서의 낙뢰 같은 것에 의해 우연적으로 생명체가 탄생하게 된 것이라고 한다면 "사람의 제일 되고 가장 높은 최고의 목적은 인간 자신의 행복을 추구하는 것"이라는 대답을 야기할 것입니다. 만일 생명의 시작이 지구 자체의 문제였다면, 생명의 목적도 자체적(자연 안에서)이라 할 것이기 때문입니다. 또한 일반적인 종교들과 같이 기적과 비상적인 일들(은사주의적인 표적들)을 추구하는 신앙인들이라고 한다면, 인생의 목적은 하나님의 기적과 비상적인 일들을 체험하여 하나님의 존재를 비로소 확신하는 데에 있다고 말할 것입니다. 그러나 생명의 시작이 외부적(자연계 밖에서) 이라면 모든 생명의 목적은 외부로부터의 초월적 목적과 의도에 있을 것인데, 롬11:36, 고전 10:31, 요 17:21~24절 등의 말씀은 모든 생명들이 단순히 자연계 밖에서 시작된 것만이 아니라, 창조주에 의해 시작됨을 전제하면서 그 가운데 사람의 제일 되는 목적에 대해 하나님을 영화롭게 하는 것과 그를 영원토록 즐거워하는 것이라고 말합니다. 아울러 그처럼 창조에 바탕을 두는 신앙은 창조의 목적을 전제하는 것이므로, 은사주의자들과 같이 하나님의 비상적인 기적과 은사들을 추구하는 것은 부수적인 일이거나, 창조의 본래적인 목적과 크게 상관이 없는 것들을 추구하는 양상이라 하겠습니다.

이처럼 하나님의 창조에 대한 믿음은 우리로 곧장 하나님의 창조의 목적을 전제하도록 합니다. 하나님의 창조에는 반드시 그 피조물들의 존재하는 용도 즉, '목적'을 수반하는 것입니다. 그러나 진화론은 철저히 존재하는 용도 혹은 목적 자체를 부정합니다. 또한 모든 존재의 원인은 우연적인 시작에 불과하며 모든 존재에는 오직 그 자신만을 위하는 의미의 목적이 존재하는 것이라고 말합니다. 그러한 진화론에 따르면 강자가 약자를 지배하는 것은 '우열의 법칙'을 따르는 자연스러운 것이며, 심지어 '자연도태'의 원리를 따라 약한 자들은 당연히 도태되어야 하는 것으로 인식됩니다. 이러한 원리에 따라 나치즘은 강인한 아리아인의 혈통을 따르는 독일인이 전 세계를 지배하게 될 것이며, 약하고 악한 유대인들은 모두 없어져야만 한다고 주장하며 유대인 학살을 자행했습니다. 그러므로 진화론의 사상은 마르크스주의(Marxism) 사상보다도 훨씬 위험한 원리를 내포하고 있는데, 은사주의도 진화론과 마찬가지인 일종의 경험주의로서, 절대적인 진리(성경의 진리)보다는 경험을 통해 산출하는 결과를 더욱 추구하며 신뢰한다는 점에서 근본적인 문제점 가운데서 출발하는 사상(종교)입니다. 그러므로 우리들은 성경에 근거하여, 하나님의 지은바 된 자로서의 인간의 본질적인 목적(크고 제일 되는 목적)을 바탕으로 참된 신앙을 정립하는 것이 절대적으로 요구되는 것입니다.

그러면, 사람의 크고 제일 되는 목적은 구체적으로 무엇일까요?

제1문

사람의 제일 되고 높은 목적은 무엇입니까?

사람의 제일 되고 가장 높은 목적은 하나님을 **영화롭게** 하며, 영원토록 그를 **즐거워하는 것**입니다.

'목적'(目的)이란, 무언가 이루려고 하는 목표를 의미합니다. 대장장이가 붉은 쇳덩이를 망치로 두드리는 이유는 그것으로 칼이나 호미 같은 도구를 만들기 위함이고, 또한 칼이나 호미는 각각 무엇을 자르거나 파내기 위함입니다. 그러므로 대교리문답의 제1문에서 사용한 '목적'이라는 단어는 어떤 것이 존재하는 일종의 용도(用途) 즉, 하나님께서 이 땅에 두신 사람의 용도를 의미합니다.

■ 사람에게 '목적'이 있다는 것은 '진화론'적인 사고에 근거하겠습니까, 아니면 하나님의 '창조'에 근거하겠습니까?

■ 그렇다면, 그처럼 사람에게 있는 '목적'은 사람 자신을 기준으로 제시된 것입니까, 하나님을 기준으로 제시된 것입니까? [1)]

■ 그런 사람의 목적은 모든 사람들이 그 대상입니까, 아니면 신자(信者)들만이 그 대상입니까?

■ 그런데 왜 대부분의 사람들이 사람의 제일 되는 목적을 하나님을 향하도록 하지 않고 사람 자신을 향하도록 하는 것일까요? [2]

■ 결국, 하나님을 향하도록 하는 사람의 제일 되는 목적은 어디에서 알 수 있겠습니까? [3]

롬 1:20절 말씀은 "창세로부터 그의 보이지 아니하는 것들 곧 그의 영원하신 능력과 신성이 그가 만드신 만물에 분명히 보여 알려졌나니 그러므로 그들이 핑계하지 못할지니라"고 했는데, 그처럼 원래의 자연 만물들과 인간의 이성에도 하나님을 알 만한 지식이 충분하게 있었지만, 모든 인류의 대표였던 아담이 하나님의 금령(선악을 알게 하는 나무의 열매를 먹지 말라고 하신 것)을 어기는 죄를 범하여 타락한 이후로는 자연 만물들과 인간의 이성으로는 하나님이 어떤 분이신지와 하나님의 뜻에 대해서 전혀 알지 못하게 되었습니다. 따라서 사람은 이제 하나님께서 직접 자신을 알리시고 그 뜻 또한 드러내 보이셔야만 비로소 하나님을 알 수 있는데, 하나님께서는 그처럼 하나님 자신과 그 뜻을 알리시고 그것들을 '성경'으로 기록하도록 하시어서 이를 통해 사람은 제일 되며 가장 높은 최고의 목적을 위해 창조되었음을 알도록 하셨습니다. 그런데 사람의 제일 되며 가장 높은 최고의 목적에 대한 대답은 "하나님을 영화롭게" 하는 것만이 아니라 "영원토록 그를 온전히 즐거워"하는 것도 포함하고 있습니다.

■ 합 3:17-18절에서 하박국 선지자는 누구로 말미암아 즐거워하며 기뻐하리라고 했습니까? 4)

대교리문답이 말하는 사람의 제일 되는 목적은 "하나님을 영화롭게" 할 뿐 아니라 "영원토록 그를 온전히 즐거워"하는 것을 포함하는데, 그것은 사람에게 가장 최고의 높은 행복이 무엇인지를 생각하게 합니다. 사람이 "하나님을 영화롭게"하는 것은 단순한 의무의 문제가 아니라 사람의 진정한 행복과 관련된 문제이기도 한 것입니다. 대교리문답에 따르면 사람이 하나님께 영광을 돌리면서 깨닫게 되는 기쁨이야말로 사람의 진정한 행복입니다.

사실, 오늘날 기독교 안에는 "즐거워하는 것"에 대한 많은 오해가 있습니다. 하나님을 영화롭게 하는 것보다 즐거워하는 것을 더 강조한 나머지 그릇된 신비적이며 감성적인 형태의 신앙, 심지어 주관적인 즐거움을 중심으로 해서만 하나님을 이해하려는 기형적인 신앙을 양산하는 일조차 흔하게 볼 수 있는 것입니다. 그러나 우리의 교리문답에서는 '영화로움'과 '즐거움'의 선후관계가 분명합니다. 우리가 즐겁게 되는 것으로 하나님께 영광이 돌려지는 것이 아니라, 하나님을 영화롭게 하는 것으로 인하여서 영원토록 그를 즐거워하게 되는 것입니다. 이처럼 미묘한 선후관계로도 신앙의 모습은 아주 큰 차이와 잘못을 양산할 수 있습니다.

"오 하나님, 당신께서는 당신을 위하여 우리를 지으셨습니다. 그러므로 우리 영혼은 당신 안에서 참되게 안식하기 전까지는 진정으로 안식할 수 없습니다."

- 어거스틴의 고백록 중에서.

● 다음 물음에 대해 옳다고 생각되는 답변에 ✔표를 해보시기 바랍니다.

■ 사람은 그 자신의 행복을 위하거나 자기 자신을 높이는 것이 최고의 목적인가요?

예 / 아니오

■ 세상의 이익이나 즐거움을 추구하며 살아가는 것이 인간의 최고 목적인가요?

예 / 아니오

■ 하나님을 영화롭게 하고 영원토록 그를 즐거워하는 것이 인간의 최고 목적인가요?

예 / 아니오

우리는 교리문답 제1문을 통해서 하나님에 의해 창조된 인간의 제일 되며 가장 높은 최고의 목적이 피조물 자신의 행복과 만족을 추구하는 데에 있는 것이 아니라, 하나님을 영화롭게 하며 영원토록 그를 온전히 즐거워하는 데에 있다는 사실을 확인했습니다. 그리고 그러한 목적은 믿음을 지닌 신자들만이 아니라, 모든 피조물인 인간들에게 공통된 것입니다. 하나님께서는 믿는 백성들만을 창조하신 것이 아니라, 모든 천지만물들을 창조하셨기 때문에 피조물인 모든 인간들 또한 하나님의 창조하신 목적을 따라서 하나님을 영화롭게 하며, 영원토록 그를 온전히 즐거워해야만 하는 것입니다. 그리고 그처럼 모든 인류가 그와 같은 목적 가운데서 창조된 것이라면, 마땅히 모든 인류에게 하나님에 대한 어떤 이해가 있어야만 할 것인데, 신약성경 롬 1:20절의 "창세로부터 그의 보이지 아니하는 것들 곧 그의 영원하신 능력과 신성이 그가 만드신 만물에 분명히 보여 알려졌나니 그러므로 그들이 핑계하지 못할지니라"는 말씀은 바로 그러한 사실을 언급하고 있는 말씀입니다. 즉 사람에게 막연하나마 하나님(神)에 대한 사고와 양심 가운데서 하나님에 대한 두려움과 경외심이 있는 것은, 그 자체가 인간에게서 유래하는 본성이 아니라 하나님으로 말미암은 것으로서 아직까지(타락하고 부패한 이후로도) 남아있는 것입니다. 이방종교들이 바로 이러한 사람의 양심과 종교성에 근거하여 세워지는 것은, 그처럼 "창세로부터 그의 보이지 아니하는 것들 곧 그의 영원하신 능력과 신성이 그가 만드신 만물에 분명히 보여 알려졌"음을 증거하는 예라 하겠습니다.

● **복습:** 사람의 제일 되며 가장 높은 최고의 목적은 무엇입니까?

사람의 제일 되며 가장 높은 최고의 목적은 (   )을
(   ) 하며, 영원토록 그를 (   )하는 것입니다.

'계시의 종결'과 '사도직의 종결'

'자연종교'(natural religion)라 불리기도 하는 일반적인 종교들과 기독교가 구별되는 가장 기본적인 원점은 '계시'(revelation)에 있다. 자연종교도 신적인 계시에서 시작하는 것처럼 보인다 할지라도 오히려 그 시작은 인간이 지닌 종교심이자 이성의 탐구에서부터 시작하는데 반해, 기독교는 전적으로 하나님의 신적인 계시에서 시작하는 모든 체계들로 되어 있다는 것이 가장 기본적이고 근원적인 구별점인 것이다. 바로 그러한 구별점은 자연종교와도 매우 유사한 로마가톨릭의 종교와 그들에 의해 개신교라 칭해진 기독교가 구별되는 중요한 근거이기도 하며, 뿐만 아니라 여러 기독교 가운데서 장로교회들이 구별되는 가장 중요한 근거가 되기도 한다. 즉 장로교회들의 신앙의 표준인 웨스트민스터 신앙고백 제1장 1항에서 고백하고 있는 교리적 선언에서부터 모든 자연종교들과 로마가톨릭, 심지어 다른 여하한 개신교와도 구별되는 장로교회들의 독특하고도 중요한 구별의 핵심이 담겨 있는 것이다.

특별히 웨스트민스터 신앙고백 제1장 1항의 문구에서 우리가 주목해야 할 부분은 말미에 있는 "······하나님께서 그의 백성들에게 자신의 뜻을 계시하셨던 예전의 방법들이 지금은 모두 중단되었다."는 문구다. 바로 이 문구를 어떻게 이해하고 수용하는지의 여부에 따라 장로교회들의 모든 신학과 신앙이 확연히 갈리기 때문이다. 만일에 이 문구를 일반계시 혹은 자연계시라 불리는 '초자연적 계시'의 한계―그러나 이 한계는 일반계시 자체의 한계를 말하는 것이 아니라 이를 인식하고 이해하는 인간의 본성적인 부패로 말미암은 것이다―에 따른 최종적인 특별계시인 성경의 유일성에 대한 문구로 이해한다면, 그런 신앙은 웨스트민스터 신앙고백을 따르는 진정한 장로교회의 신앙이다. 즉, 성경 이외에 더 이상 하나님의 계시는 없다는 것이다.

반면에 성경과 함께 일반계시적인 초자연적 계시가 지금도 여전히 유효한 계시의 방법이며 지금도 항상 요구되는 것이라고 생각한다면, 앞서 언급한 로마가톨릭과 여타한 자연종교들을 따른 종교를 스스로 자인하는 것이라 말할 수 있다. 그러므로 1546년에 작성된 웨스트민스터 총회 정치모범(장로교회 정치형태에 관한 문서)에서도 웨스트민스터 신앙고백 제1장 1항의 문구에서 나타내는 일반계시인 초자연계시의 종결과 특별계시인 성경의 완전성(충족성)의 원리에 따라, 교회의 교직자들에 대해 "교회를 세우고 성도들을 온전케 하기 위하여 그리스도께서 임명하신 교직자는 더러는 특수하며 제한적인 것으로서, 사도들과 복음 전하는 자와 선지자들인데 이제 이들의 사역은 중단되었다."고 말하고 있다. 즉, '사도직의 종결'을 말하고 있는 것인데, 이는 보편적인 가시적인 교회를 세우고 신약계시를 완결하는 것이 사도직의 특별하고도 가장 중요한 임무였기 때문이다. 한마디로 보편적인(하나인) 가시적인 교회를 조직하고 신약성경의 계시를 완결하는 사도직은, 그들로서 최종적으로 완성되고 종결되었다는 말이다. 따라서 만일에 우리가 '초대 교회'(Early Christianity)라는 단어를 사용하려고 한다면, 반드시 이러한 의미에 대한 선 이해를 바탕으로 사용해야만 한다. 왜냐하면 하나님께서 세우신 유일한(하나인) 교회는 이미 창조 이후부터의 진정한 원시교회로부터 늘 있어왔던 것이기 때문이다. 다만 사도직에 의해 더욱 분명하게 완성을 이룬 보편적인 유형교회의 의미로서 초대 교회라는 단어를 사용할 수 있는 것이다.

또한 그러한 원리 가운데서 모든 가시적 교회의 바탕은 "그리스도와 사도들이 가르치신 신앙과 생활의 규칙"에 있게 되는 것이다. 하나님께서는 구약성경 39권에 추가된 신약성경 27권 이후로 더 이상의 특별한 계시들을 주시지 않고 종결하셨으며, 그러한 특별계시를 완성(완결)하며 보편적인(전체적인) 가시적 교회의 신앙과 생활의 규칙도 신약계시를 완결하는데 사용하신 사도직의 종결로써 완성되었다는 것이 장로교회들의 신앙의 표준인 웨스트민스터 신앙고백과 웨스트민스터 총회의 교회정치에 있어서의 취지다.

제2문

하나님이 계시다는 사실은 어떻게 나타납니까?

인간 안에 있는 **자연(본성)**의 참된 **빛**과 하나님의 **피조물**들이 명백하게 하나님이 계심을 선포합니다. 그러나 그의 **말씀**과 **성령**만이 사람들에게 그들의 구원을 위해서 하나님을 충족하고 효과 있게 **계시하십니다.**

대교리문답 제1문에서 우리들은 하나님의 창조하신 모든 인간에게 공통되는 제일 되며 가장 높은 최고의 목적은 하나님을 영화롭게 하는 것과, 영원토록 그를 온전히 즐거워하는 것이라는 사실을 확인했습니다. 그러나 우리의 주변의 현실에서는 하나님을 믿는 사람보다, 하나님을 전혀 믿지 않는 사람들이 더 많은 것을 볼 수 있습니다. 그러므로 대교리문답 제2문에서는 바로 그러한 우리 주변의 현실들과 연관될만한 질문과 답변이 이어집니다.

■ 롬 1:19절 말씀에서 "하나님을 알만한 것"이 어디에 알려졌다고 했습니까? 5)

■ 그처럼 "하나님을 알만한 것"이 모든 사람들 속에 있는 이유는 무엇 때문입니까? 6)

■ 롬 1:20절 말씀은 사람들이 무엇을 통해 하나님을 알게 된다고 했습니까? 7)

■ 시 14:1; 53:1절 말씀에 따르면 "하나님이 없다"고 말하는 자는 어떤 자입니까? 8)

하나님께서는 하나님을 믿지 않는 자들에 대해 진노하시는데, 그 이유는 하나님을 알만한 것을 사람들 속에 주셨고, 또 하나님의 "영원하신 능력과 신성이 그 만드신 만물(세포에서 우주까지)에 분명히 보여 알게"하셨음에도 불구하고 어리석게 하나님을 믿지 않는 자들이기 때문이라고 합니다.

성경에 따르면 하나님께서는 신앙의 여부를 막론하고 모든 사람들에게 "본성의 빛"을 주셨고, 뿐만 아니라 하나님의 피조물들을 통해 하나님의 존재하심과 영원하신 능력과 신성, 영광을 알도록 하셨습니다.

■ 롬 2:14~15절 말씀은 믿지 않는 사람들에게 어떠한 율법이 주어졌다
고 합니까? 9)

성경에 따르면 하나님께서는 모든 인류에게 도덕적 계명을 통해서
모든 인류가 죄에 대하여서 하나님 앞에 핑계할 수 없도록 하셨습니
다. 율법을 모르는 자일지라도 그 마음속에 있는 '양심의 법'을 통해
자신에게 있는 죄를 자각할 수밖에 없는 것입니다.

■ 그러면, 사람들은 스스로의 종교심과 양심 그리고 자연만물들을 통해 하
나님을 알고 하나님을 믿는 백성이 되기에 충분할까요? 10)

■ 롬 1:21절은 사람들에게 있는 본성의 빛과 자연만물을 통한 계시에 대
해 어떻게 말합니까? 11)

하나님의 이 자연계시와 뜻은 타락하고 부패한 존재로서의 인간의
영적 필요에 충분하지 못합니다. 그 이유는, → 아담의 범죄로 인류
가 타락하게 됐을 때, 이제 모든 인류의 영적 시각(視覺)이 어두워졌
기 때문입니다. 이제 인류에게 남아있는 본성의 빛은 하나님에 대하

여 구체적으로 가르쳐주지 못하며, 죄로부터의 구원에 대해서도 해결책을 찾을 수 없게 되었습니다. → 또한 인간의 타락은 하나님의 피조물들이 제시하는 메시지조차도 올바르게 해석하지 못하며, 무엇보다 하나님을 영화롭게 하며 감사할 능력에도 치명적인 손상을 입은 상태를 야기했습니다(롬 1:21~22). 그리하여 인간들은 본성의 빛과 자연을 통한 하나님의 계시를 오해하고, 썩어질 우상을 섬기게 된 것입니다(롬 1:23). 즉, 거짓 종교를 만들고 도덕적으로도 타락하게 됐습니다(롬1:24~32).

아담의 범죄 이후, 이제 모든 인류는 타락하여 첫 사람 아담과 같이 풍족한 영적 상태와는 너무도 다른 차이를 지니게 되었습니다. 타락 전 인간 아담은, 하나님의 형상으로서 하나님과 영적으로 교류할 수 있는 자, 다스리는 자, 온전한 자였습니다. 그러므로 그는 하나님을 알고, 스스로도 하나님의 피조물들을 가운데서 하나님을 아는 지식의 풍성함을 누리고 있었습니다. 그러나 아담의 범죄로 말미암아 모든 사람들이 '전적 타락'과 '전적 무능력'의 상태로 전락하게 됐을 때, 사람들은 이제 하나님과의 영적 교류가 단절되어, 본성으로나 자연만물 가운데서나 하나님을 올바로 알 수 없게 됐고(롬 1:21~22, 28), 사람의 제일 되는 목적 또한 결코 이루지 못하는 참으로 비참한 상태*에 있는 것입니다.

---

* 성경적 의미의 비참이란, 창조된 인간의 본래의 목적을 잃어버린 것을 말합니다. 마치 맷돌을 돌리기 위해 만든 어처구니가 맷돌에 붙어 있을 때에는 그 가치와 목적을 지니지만 맷돌에 붙어있지 못하고 여기저기로 나뒹굴 때에는 그 가치와 목적을 잃어버려 불쏘시개로 사용되는 것처럼, 창조된 본래의 목적을 잃어버린 인간은 어디서 오며 어디로 가는지 모르고 정처 없이 살아가는 공허하고 비참한 존재인 것입니다.

● 다음 물음에 대해 옳다고 생각되는 답변에 ✔표를 해보시기 바랍니다.

　■ 사람의 본성을 통해서는 하나님을 전혀 알 수 없습니까?

　　　　　　　　　　　　　　　　　　　예 / 아니오

　■ 사람의 양심이나 본성에는 하나님을 알만한 능력과 빛이 있어서, 이
　를 통해 구원의 길을 찾을 수 있습니까?

　　　　　　　　　　　　　　　　　　　예 / 아니오

● **복습:** 하나님이 계시다는 사실은 어떻게 나타납니까?

　: 인간 안에 있는 (　　　)의 참된 빛과 하나님의 (　　　)들이 명백하게 하
　나님이 계심을 선포한다. 그러나 그의 (　　　)과 (　　　)만이 사람들에
　게 그들의 구원을 위해서 하나님을 충족하고 효과 있게 (　　　)하신다.

'인지 발달'과 '교리문답' 교육

이미 알려진 바와 같이, 아이들은 성장해 가는 과정에서 인지 발달의 단계에 다양한 변화를 겪게 된다. 2세 이하의 유아들의 경우에는 주로 신체적인 감각들을 통해 학습하지만, 차츰 성장하면서 감각 뿐 아니라 언어에 의한 학습이 가능하게 되는 것이다. 일반적으로 6세 전후의 아이들은 직관과 상징의 개념이 점차 생기게 되므로, 이 시기부터 다양한 사고력 향상을 위한 교육수단들이 동원될 수가 있다. 이러한 인지발달이론(cognitive development)에서 가장 기초적인 골격은, 인간의 인식능력과 사고능력이 감각인식에서 시작하여 사고와 지각에 의한 고차원적 인식의 단계들로 발달한다는 것이다.

이로 보건데 교리문답(Catechism) 교육을 함에 있어 적절한 시기는 자녀들이 초등학교에 입학하는 시기부터로, 이 시기부터 아이들은 사고에 있어 급격한 진전을 보이기 때문이다. 특히 도덕적 사고, 자아 중심의 사고 탈피, 가역성(reversibility)과 보존 개념 등 논리와 사고개념의 급격한 성장을 이루는 이 시기부터는 거의 모든 교리문답의 개념들을 이해하고 적용해 볼 수 있는 시기다. 일반적으로 아이들은 초등학교 2학년에서부터 인지 발달이 거의 완성되며, 5학년 이후부터는 가설검증을 비롯한 종합적인 사고체계를 형성할 수 있다. 그러므로 교리문답을 가르치는 최적의 시기는, 발달 이론적으로 초등학교 시기부터가 가장 적절하다. 특히 초등학교 2학년 이후부터 학교에서의 학습 진도가 빨라지는 만큼, 그 이전부터 교리문답을 공부하는 것이 좋다.

하지만 기독교교육의 현실에서는 오히려 그러한 인지발달을 역행하여, 항상 간결하고 쉬우며 감각적인 방법들을 추구하고 있다. 즉, 생각하고 사고하는 것을 싫어하고, 관람하고(보고) 누리는(즐기는) 것을 선호하는 인지발달의 퇴행이 이뤄지는 곳이 교회교육의 현장이 되어 있는 것이다. 바로 이 문제가 참으로 심각하다.

제3문

무엇이 하나님의 말씀인가?

구약과 **신약** 성경이 하나님의 말씀이며, 따라서 신앙과 순종의 **유일한 규범**이다.

사람이 창조된 목적은 하나님을 영화롭게 하며, 영원토록 그를 즐거워하는 것입니다. 첫 사람 아담은 바로 그와 같은 창조의 목적을 따르기에 부족할 것이 없는 온전한 사람이었습니다. 그러나 하나님의 말씀에 순종하여 하나님을 영화롭게 할 수 있었던 아담, 하나님께서 주시는 모든 풍성한 것들로 인해 영적으로나 육적으로나 영원토록 하나님을 즐거워할 수 있었던 아담이 불순종의 범죄를 저질렀을 때, 아담 안에서 모든 인류는 더 이상 하나님을 영화롭게 하며 영원토록 그를 즐거워하는 목적을 이룰 수 없는 상태로 전락했는데, 롬 1:18~32절 말씀은 그러한 인간의 영적 상태와 비참을 생생하게 가르쳐주고 있습니다. 아담 이후로 모든 인류는 원죄(Original sin) 가운데서 타락하고 부패한 상태에 있습니다. 즉, 하나님을 알만한 본성의 빛과 하나님의 피조물들이 제시하는 메시지조차도 올바로 해석하고 받아들일 수가 없습니다. 그러므로 인간의 종교성이나 양심, 도덕, 지혜, 자연의 이치 등 자연계시를 통해서는 하나님을 알지도, 하나님을 영화롭게 하며, 영원토록 그를 즐거워하는 사람의 크고 제일 되는 목적을 따르지도 못합니다.

■ 사람이 스스로 하는 기도, 명상, 수행 등을 통해서 하나님에 대한 바른 이해가 가능합니까? [12]

■ 아담의 타락 이후로 우리는 하나님에 대한 바른 이해가 전적으로 불가능합니까? [13]

■ 아담의 타락 이후로 하나님에 대한 바른 지식이나 사람의 제일 되는 목적은 무엇을 통해 알 수가 있습니까? [14]

우리에게는 본성의 빛과 하나님의 피조물들이 나타내 보이는 '자연계시'를 통해 하나님의 존재하심을 알 수가 있습니다. 하지만 그러한 것들을 통해서는 인간의 타락과 부패로 말미암아 하나님에 대해 바르게 혹은 충분하게 알지 못합니다. 자연계시 자체는 여전히 하나님을 보여주고 있지만, 우리의 타락과 부패로 바르고 충분하게 알 수가 없는 것입니다.

그러나 우리는 하나님의 자연계시 외에 하나님의 초자연적인 계시를 소유하고 있습니다. 이 계시는 '특별계시'라고도 하며, 인간에게 자연법을 따라 주어진 것이 아니라 성령 하나님의 이적적인 사역을 통해 주어진다는 점에서 초자연적 계시인 것입니다.

■ 벧후 1:21에서 말하는 '예언'이란 무엇입니까? [15)]

■ 벧후 1:21 말씀은 그 예언에 대해 무어라 했습니까? [16)]

아담 이후로 원죄와 그에 따른 타락, 부패, 죄책을 지니는 인간은 스스로 하나님을 알지 못합니다.* 그러므로 하나님께서는 성령님의 특별한 초자연적 계시를 통해서 하나님을 알게 하셨는데, 그것은 바로 '성경'입니다.

우리가 하나님에 대해, 사람의 제일 되는 목적과 사람의 타락, 부패에 대해 알 수 있는 것은 스스로의 기도나 명상, 수행을 통해서가 아니라 성령 하나님의 이적적인 사역을 통해 주어진 초자연적 계시요 특별 계시인 '성경'을 통해서입니다. 오직 유일하게 성경을 통해서만 하나님을 아는 진리의 지식에 이를 수가 있는 것입니다. 그러므로 잠언 28:9 말씀은 "사람이 귀를 돌이키고 율법을 듣지 아니하면 그의 기도도 가증하니라"고 했습니다. 아무리 기도의 열심을 낸다고 해도 그것이 성경에 계시된 하나님에 대한 지식과 사람에 대한 지식에 근거하지 않는 것이라면, 하나님께 그런 기도는 오히려 역겨운 기도가 될 뿐입니다. 따라서 참된 신앙이 아닌 종교적인 기도들은 모두 하나님께서 들으시는 기도가 아닙니다.

---

* 물론 인간 스스로 하나님을 찾기도 하지만, 그렇게 찾은 하나님은 충분하지도 바르지도 못한 막연한 신적 대상으로서의 하나님이며, 이에 따라 대부분의 사람들이 우상과 거짓된 종교를 숭상하는 것입니다. 롬 1:18-23은 이를 생생히 증언하고 있습니다.

■ 사람은 누구나 성경을 읽으면 하나님, 사람의 제일 되는 목적 등을 알 수가 있습니까? [17]

■ 히 4:2 말씀에 따르면 사람들이 복음을 들어도 유익이 되지 못하는 것은 무엇 때문입니까? [18]

■ 엡 1:17 말씀은 '믿음'의 주심을 누구에게 돌리고 있습니까? [19]

■ 엡 2:8 말씀은 '믿음'을 하나님의 무엇이라고 했습니까? [20]

행 16:14은 자주(紫紬) 장사 루디아가 사도바울의 복음을 청종한 것은 "주께서 그 마음을 열어 바울의 말을 청종하게"하셨기 때문이라고 했는데, 이처럼 '성경'을 읽은 모든 사람들이 자연적으로 하나님, 사람의 제일 되는 목적, 구원의 복음 등을 알게 되는 것이 아니라, 오히려 **하나님의 선물인 믿음**으로 말미암아 그러한 모든 것들을 알수 있게 되는 것입니다. 그런 점에서 성경은 그 주어짐에서 뿐 아니라, 그 이해에 있어서도 (하나님의) '초자연적 계시'입니다. 성령님께서 하시는 '조명'(照明)의 사역은 성경에 계시된 것을 깨닫도록 하시는 것으로, 성령께서는 성경에 이미 계시된 진리의 말씀을 보고 믿게 하시는 것입니다.

● 다음 물음에 대해 옳다고 생각되는 답변에 ✔표를 해보시기 바랍니다.

■ 성경 자체는 인간의 기록이지만, 그 기록 안에 하나님의 말씀이 포함되어 있다.

예 / 아니오

■ 성경은 인간의 기록이지만 그것이 우리 마음속에서 하나님의 말씀이 된다.

예 / 아니오

■ 성경에는 사단과 악인의 말도 들어있는데, 그것들은 하나님의 말씀이 아니다.

예 / 아니오

■ 성경에서 붉은 글씨로 된 그리스도의 말씀만이 하나님의 말씀이다.

예 / 아니오

■ 성경은 문자적 의미에서 분명하고도 명확한 하나님의 말씀이다.

예 / 아니오

■ 우리의 신앙과 행위의 유일한 지침은 오직 우리 속에 있는 양심이다.

예 / 아니오

■ 우리의 신앙과 행위의 유일한 지침은 신비한 "내적인 빛"이다.

예 / 아니오

■ 우리의 신앙과 행위의 유일한 지침은 기독교회의 전통이다.

예 / 아니오

■ 우리의 신앙과 행위의 유일한 지침은 구약과 신약의 전성경이다.

예 / 아니오

● **복습:** 무엇이 하나님의 말씀인가?

: (　　　　)과 (　　　　　)성경이 하나님의 말씀이며, 따라서 신앙과 순종의 (　　　　)이다.

제4문

성경이 하나님의 말씀이라는 사실은 어떻게 나타나는가?

성경은 그 **장엄함**과 **순수함**, 모든 부분들의 **일치**, 모든 영광을 하나님께 돌리는 전체의 **의도**에 의해서, 그리고 죄인들을 깨닫게 하여 회심시키며 믿는 자들을 위로하고 구원에 이르도록 자라게 하는 그 빛과 능력에 의하여 **그 자체**가 하나님의 말씀임을 명백하게 나타낸다. 그러나 사람의 마음속에서 성경에 의해서 그리고 성경과 함께 증거하시는 **하나님의 성령**만이 그것이 하나님의 말씀임을 완전히 설득시킬 수 있다.

기독교회의 역사에서 말시온(Marcion. 80~160년경)이라는 사람은 구약의 하나님을 율법적인 유대주의의 신으로 규정하여 구약성경을 부정하고 신약성경만을 성경으로 인정했습니다. 그러나 사도바울은 딤후 1:3에서 "조상적부터 섬겨 오는 하나님께 감사"한다고 기록하였으니, 구약성경의 시대부터 신약성경의 시대에 이르는 연속선상에서 자신의 믿음을 정의했습니다. 또한 더욱 분명하게 딤후 3:16에서 신약성경만 아니라 "모든 성경은 하나님의 감동으로 된 것"이라고 하여서 구약성경을 포함한 신구약 66권의 전성경이 하나님의 감동으로 된 하나님의 말씀이라고 했습니다.

이처럼, 성경이 하나님의 말씀이라는 사실은 무엇보다 성경본문 자체에서 분명하게 규정하고 있습니다.

■ 시 119:18; 호 8:12 말씀은 성경이 어떠함을 말합니까? [21)]

■ 시 12:6 말씀은 성경이 어떠함을 말하고 있습니까? [22)]

사 64:4 말씀에 이르기를 "주 외에는 자기를 앙망하는 자를 위하여 이런 일을 행한 신을 예로부터 들은 자도 없고 귀로 깨달은 자도 없고 눈으로 본 자도 없었"다고 했습니다. 또한 고전 2:9~10말씀은 다시 이를 인용하면서 "기록된 바 하나님이 자기를 사랑하는 자들을 위하여 예비하신 모든 것은 눈으로 보지 못하고 귀로도 듣지 못하고 사람의 마음으로도 생각지 못하였다 함과 같으니라"고 했습니다. 즉, 성경 안에는 눈으로 보지 못하고 귀로도 듣지 못하며 사람의 마음으로도 감찰하지 못할 뿐 아니라, 심지어 하나님의 깊은 것까지라도 통달하시는 것이 있다고 했는데, 이처럼 성경은 그 어떤 인간적 작품보다 더 높고 고결한 '장엄함'과 '완전함'을 지니고 있습니다.

■ 시 119:140은 하나님의 말씀이 어떠하다고 말합니까? [23)]

성경은 그 장엄함과 순수함에 있어서 다른 모든 책들과 구별되는 독특한 것입니다. 이는 오직 성경만이 성령의 초자연적인 역사하심으로 기록된 것이기 때문입니다. 따라서 오직 성경만이 오류가 없는 무오한 책입니다(딤후 3:16 참조).

오늘날 우리가 지닌 성경은 66권으로 되어 있습니다. 이 책들은 모세로부터 사도 요한까지 40여명의 각기 다른 저자들이 약 1,400년 동안 기록한 것입니다. 그런데 놀라운 사실은 이처럼 긴 시간과 많은 사람들에 의해 쓰인 66권의 성경이 서로 모순이 없이 일관된다는 점입니다.

■ 행 10:43에서 구약의 모든 선지자들이 증거 한 "그 이름을 힘입어 죄사함을 받는" 분은 누구를 말합니까? [24)]

■ 행 26:22~23에서 바울사도는 선지자들과 모세 곧 구약의 저자들이 일관되게 말한 바, "반드시 되리라고 말한 것"이 무엇이라고 했습니까? [25)]

■ 행 26:22~23의 말씀은 곧 바울사도의 증거(신약성경)하는 것 또한 무엇이라는 말입니까? [26)]

성경에 대한 우리의 믿음은 우리들 자신의 경험적 사실로부터의 추론이 아니라 성경이 교훈하는 그 교훈 자체여야 합니다. 이 믿음을 배제하고 **'자유주의'** 신학자들은 성경에서 진리의 교훈과 진리의 교훈이 아닌 것을 구분하였는데, 그 결과 성경에서 진리로 남는 것을 하나도 발견할 수 없었습니다. 또한 **'신정통주의'** 신학자들은 성경 자체가 진리인 것이 아니라 오히려 성경을 통해 깨닫게 되는 것이 진리라고 생각했지만, 결과적으로는 자유주의와 마찬가지로 진리의 상대성밖에는 남기지 않았습니다.

이처럼 지금도 많은 사람들이 성경을 자신들의 경험, 가치관, 사상을 바탕으로 받아들이거나 이해하려고 합니다만, 성경은 오히려 그 자체로 오류가 없는 진리인 사실을 명백히 하고 있습니다. 그러므로 우리가 하나님과 인간, 죄와 구원에 대해 선포하는 성경을 신뢰하려면 그 무오성에 근거하여 기록되어 있는 성경 그 자체로서 신뢰해야만 하는 것입니다.

■ 고전 2:14 말씀으로 보건데, 성경이 하나님의 말씀이라는 완전한 확신 또는 확실성을 위해 어떤 증거가 더 필요할까요? [27)]

● 다음 물음에 대해 옳다고 생각되는 답변에 ✔표를 해보시기 바랍니다.

■ 우리는 자연(본성)의 빛에 있는 우리 자신의 지혜로부터 충분한 인도를 받을 수 있는가요?

예 / 아니오

■ 우리는 오직 하나님의 창조와 섭리의 일하심으로부터 충분한 인도를 받을 수 있는가요?

예 / 아니오

■ 우리에게는 오직 하나님의 말씀만이 충분한 인도를 받을 수 있는 유일한 법칙인가요?

예 / 아니오

■ 우리는 매일 매일 하나님으로부터 새로운 계시를 받아야 하는가요?

예 / 아니오

■ 신구약 성경 안에 기록된 것이 하나님의 말씀인가요?

예 / 아니오

■ 우리에겐 그 외에 다른 하나님의 말씀이 있는가요?

예 / 아니오

● **복습:** 성경이 하나님의 말씀이라는 사실은 어떻게 나타나는가?

    : 성경은 그 (   )과 (   ), 모든 (   )의 일치, 모든 영광을
하나님께 돌리는 (   )에 의해서, 그리고 죄인들을 (   ) 하
여 회심시키며 믿는 자들을 (   )하고 구원에 이르도록 자라게 하는
그 빛과 능력에 의하여 (   )가 하나님의 말씀임을 명백하게 나타낸
다. 그러나 사람의 (   )에서 성경에 의해서 그리고 (   )
과 함께 증거하시는 (   )만이 그것이 하나님의 말씀임을 완전히
설득시킬 수 있다.

신자들의 가정(Home)은 '교회'(House Church)다

한국 개신교회들의 대형화 추세에 대한 비판과 반작용 가운데서 소위 '가정교회'라는 목회 프로그램이 횡횡하고 있는데, 사실 가정교회의 목회적 핵심은 신자들의 가정을 함께 공유하는 가운데 이뤄지는 소그룹 모임에 있다 할 것이다. 그러므로 'House Church'로 통칭되는 명칭의 문제에 대해서도 'Home church'라고 하는 것이 더 정확한 의미를 담는다는 주장이 제기되기도 한다.

그러나 가정교회 프로그램의 핵심인 '목장(소그룹)'의 운용은 바람직하지 않으며, 1647년에 스코틀랜드에서 인준한 『가정예배모범』(The Directory for Family Worship, 1647)에서 강력히 반대하는 양상의 프로그램이라는 사실을 알아야 한다. 1647년에 스코틀랜드 총회가 인준한 가정예배 모범을 보면, 웨스트민스터 총회를 비롯한 장로교회 총회들 가운데서 신자들의 가정생활을 어떻게 생각하고 있었는지를 단적으로 파악해 볼 수가 있는데, 기본적으로 장로교회의 신자들은 개인과 가정, 그리고 개교회의 단위 가운데서 각각 적절한 신앙의 태도를 취하도록 되어 있다. 하지만 안타깝게도 17세기에 가장 확고하게 수립되었던 장로교회의 틀은 곧장 사단의 공격을 받았으니, 영국에서 뿐 아니라 스코틀랜드에서까지도 결국 확고하게 수립되었던 장로교회의 틀이 점차로 잊어지고 변질되어 버렸다. 따라서 웨스트민스터 총회를 전후로 하여 스코틀랜드 장로교회가 인준한 '예배모범'(Westminster Directory)과 '가정예배모범'에 대한 이해는, 실제적인 장로교회 목회에 관한 가장 일반적이고도 실제적인 지침이라 하겠다.

한편, 가정예배모범에서 강조되는 장로교회의 신앙의 골자는 가장을 중심으로 하는 목회라는데 있으며, 그것에 대해 3항은 언급하기를 "거룩한 성경을 해석하는 책임과 임무는 목회 사역의 일부이기 때문에, 하나님과 그의 교회에 의해 정식으로 부르심을 받은 자에게서 그 자리를 뺏을 수 없는 것처럼, 가족 중에 성경을 읽을 수 있는 사람이 있다면 모든 가족들에게 성경이 늘 읽히도록 해야 한다. 아울러 성경을 읽고 토의하는 가운데서 그 말씀에 대해 나눔으로써, 읽고 들은 것들이 실제적인 유익이 될 수 있도록 잘 활용하여야 한다. 예를 들어, 읽은 말씀에서 어떤 죄에 대한 책망이 주어진다면, 모든 가족들이 다 같이 그러한 죄에 대해 조심히 생각해 보고, 그에 주의하도록 해야 한다." 고 하여, 성경 말씀을 중심으로 하는 가정에서의 예배가 분명히 목회적 특성을 지니며, 그런 목회적 기능이 가장에게 책무로서 주어져 있음을 알 수 있다.

이처럼 장로교회 신자 개인과 가정에서의 신앙은 장로교회의 목사가 돌봐야 하는 중요한 부분이기에, 4항에서는 이르기를 "때로 이 일을 위해 노회의 승인을 받은 목회자를 통해 가족들을 잘 연습시켜 그 가운데서 예배를 인도할 사람을 자유로이 임명할 수도 있다. 아울러 가장이 예배를 인도하기에 부적합할 경우에는 집에 늘 있어 예배에 봉사할 수 있는 사람을 목사와 당회의 승인을 얻어 임명할 수 있는데, 이에 대해 목사와 당회는 노회 앞에 책임을 진다."고 했다. 즉 신자 개인과 가정의 목회적 경건 생활은, 장로교회 목사와 당회, 심지어 노회가 관심을 가지는 중요한 부분이었던 것이다. 그리고 그처럼 중요한 신자들의 가정과 가정예배의 인도자는 기본적으로 '가장'(The head of the family)이며, 그러므로 5항은 이르기를 "특별한 부르심을 받지 못한 자나, 방황 가운데 있는 자가 가정에 들어와 가정예배를 인도하는 일이 없어야 한다."고 했다. 즉 공적인 부르심의 확실한 보장이 없는 자들이 가정예배를 인도해서는 안 된다는 것인데, 이 점에 있어서 '가장'은 공적인 부르심 가운데 있는 자로서, 그런 가장이 가정예배를 게을리 하거나 등한히 하는 것은 마치 목사가 맡겨진 목회의 책무를 등한히 하는 것과 동일한 잘못이다. 무엇보다 가정예배모범 6항에서는 "그 가정을 방문 중이거나 식사에 초대된 손님들, 혹은 합법적인 어떤 경우로 꼭 초대되어야 하는 경우가 아니면, 다른 사람들을 참여시킬 필요는 없다."고 했으며, 비상적인 경우나 아주 특별한 때 이외에 여러 가정이 함께 모이는 방식의 예배에 대해 7항에 언급하기를 "왜냐하면 그런 일은 오히려 가족들 개개인의 영적인 훈련에 방해가 되는 경향이 있으며, 공적인 사역의 필요에 대한 부정적 견해를 갖게 할 수 있기 때문이다. (중략)

제5문

성경은 주로 무엇을 가르치는가?

성경은 주로 사람이 **하나님에 대하여** 무엇을 믿어야 하며, 하나님께서 사람에게 **요구하시는 의무**가 무엇인지를 가르친다.

하나님의 말씀에 순종할 수 있었던 모든 인류의 머리인 아담이 불순종으로 범죄한 이후로 모든 인류는 타락하고 부패한 본성의 상태를 갖게 되었고, 그로인해 인간 자신의 본성과 자연에 들어난 하나님의 계시를 통해서는 더 이상 하나님을 알지 못하며 사람의 제일 되는 목적을 수행하지도 못하는 비참한 상태에 있습니다. 그러므로 하나님께서 자신을 더욱 특별한 수단으로 알리셔야 했습니다. 그리고 실제로 하나님께서는 더욱 특별하게, 수많은 선지자들과 사도들을 통해 자신을 알리셨습니다. 때문에 우리는 이 특별한 성경(선지자들과 사도들이 기록한 것)의 계시를 통해서 비로소 하나님을 알 수 있습니다.

그런데, 성경은 사람을 지으신 하나님께서 목적하신 바를 그대로 반영하고 있습니다. 즉, 아담의 실패로 말미암아서 하나님께서는 새로운 방편을 마련하셔야만 했었던 것이 아니라, 애초에 계획하시고 목적하신 바를 여전히 반영하고 있는 성경을 주신 것입니다. 그러므로 창세로부터 마지막 때에 이르기까지 변함이 없으신 하나님의 계획과 목적은 마찬가지로 변함이 없이 그대로 성경에 기록되어 있는 것입니다.

그렇다면, 창세로부터 마지막 때에 이르기까지 변함없이 기록하신 성경의 주요한 가르침은 무엇일까에 관해 살펴보도록 하겠습니다.

■ 창 2:16~17 말씀에서 여호와 하나님이 아담(사람)에게 요구하신 것이 무엇입니까? 28)

■ 신 10:12~13은 여호와께서 그의 백성들에게 원하시는 바가 무엇이라고 했습니까? 29)

■ 미 6:8 말씀에서는 또 무어라 했습니까? 30)

■ 마 22:37~38 말씀에서는 또 무어라 했습니까? 31)

이처럼, 사람을 지으신 하나님의 목적은 사람의 타락과 부패로 말미 암아 변경된 것이 아니라 창세 이후로 여전하게 제시되어 있습니다. 아담의 범죄로 말미암아 하나님에 대하여 충분하게 알 수 있었던 '하 나님의 형상'으로서의 온전함은 깨어지고, 자연(본성)을 통해 드러나 는 것들로는 더 이상 하나님을 알지 못하고 믿지 못하게 됐지만, 하 나님께서 말씀하신바(그 원형은 아담에게 요구하신 선악을 알게 하는 나무 의 실과는 먹지 말라는 말씀입니다)는 여전하게 하나님과 하나님의 요구 하시는 것에 대하여 교훈하고 있으니, 이처럼 오직 말씀(성경의 말씀) 만이 풍성한 진리의 신앙을 교훈하고 있는 것입니다.

● 다음 물음에 대해 옳다고 생각되는 답변에 ✔표를 해보시기 바랍니다.

■ 성경은 우리에게 인간이 하나님에 대하여 믿어야 할 바를 가르치고 있습니까?

예 / 아니오

■ 성경은 하나님께서 인간에게 요구하시는 본분이 있다는 것을 가르 치고 있습니까?

예 / 아니오

이미 살펴본 바와 같이, 타락한 인간은 그 스스로 하나님을 찾지 못 합니다. 하나님을 찾지 못할 뿐 아니라 심지어는 하나님을 찾기를 싫어합니다(창 3:8 참조). 그러므로 타락한 인간 스스로는 하나님에 대해서도, 하나님께서 사람을 지으시며 목적하신 요구에 대해서도 알 수가 없습니다. 때문에 하나님께서는 스스로를 알리시고, 하나님에 대하여 어떻게 믿을 것과 하나님께서 사람에게 요구하시는 목적 곧 본분을 말씀으로 알도록 하셨습니다. 하나님의 말씀인 성경이 교훈하는 바는 바로 이것입니다.

성경에서 말하는 기독교 신앙은 지식(교리)과 삶(실천)의 체계입니다. 즉, 교리와 삶은 유기적으로 연관되어 있는 것입니다. 어떤 사람들은 삶의 실천을 지나치게 강조한 나머지 성경의 지식 곧 교리를 부정적으로 생각하곤 합니다만, 그런 주장은 타락한 인간, 부패한 인간의 전적인 무능에 대해 제대로 이해하지 못한데서 비롯된 것입니다. 부패한 인간의 본성 자체로는 결코 하나님에 대한 올바른 믿음이나, 하나님께서 요구하시는 것에 대한 바른 이해가 불가능하기 때문에, 자기 안에 있는 열심이 아니라 하나님의 말씀인 성경 가운데서 하나님에 대한 무엇을 믿으며 그 하나님께서 사람에게 요구하시는 바가 무엇인지를 바르게 알기 위해서 부단히 힘써야만 하는 것입니다. 즉, 믿어야 할 진리가 행해야 할 의무보다 먼저 선행(先行)될 수밖에 없는 것입니다. 이 사실에 대해 시 119:105 말씀은 이르기를 "주의 말씀은 내 발에 등이요 내 길에 빛이니이다"라고 했고, 또 마 6:23 말씀은 이르기를 "네게 있는 빛이 어두우면 그 어두움이 얼마나 하겠느뇨"라고 했습니다.

첫 사람 아담이 범죄한 후 모든 사람의 본성의 빛은 어둡습니다. 시 107:10 말씀처럼 범죄한 사람은 "흑암과 사망의 그늘에 앉으며 곤고와 쇠사슬에" 매여 있는 것입니다. 그런 상태에서는 사람은 "하나님의 말씀을 거역하며 지존자의 뜻을 멸시"합니다. "내 발에 등이요 내 길에 빛"인 하나님의 말씀을 거역하고 멸시하면서 스스로의 어두운 눈을 의지하는 것이 부패한 사람의 모습인 것입니다. 그러므로 오직 하나님의 말씀 곧 성경 가운데서 우리들은 비로소 흑암이 아니라 빛 가운데서 하나님의 뜻을 따를 수가 있습니다. 시 36:9 말씀처럼 "주의 빛 가운데서 우리가 빛을" 보아야 하는 것입니다.

이제 우리들은 성경이 가르치는바, 성경의 제일 요긴한 교훈을 따라 인간이 하나님에 대해서 무엇을 믿어야 하는지에 관해서 살펴보게 될 것입니다. 대교리문답 제6문에서부터 제90문까지의 문답은 바로 이러한 교훈의 내용입니다.

● **복습:** 무엇이 하나님의 말씀인가?

: (   )과 (   )성경이 하나님의 말씀이며, 따라서 신앙과 순종의 (   )이다.

● **복습:** 성경은 주로 무엇을 가르치는가?

: 성경은 주로 사람이 (   ) 무엇을 믿어야 하며, 하나님께서 사람에게 (   )가 무엇인지를 가르친다.

제1~5문답의 갈무리

사람은 하나님에 의해 "제일 되며 높은 목적" 가운데서 창조되었습니다. 그러므로 사람은 하나님의 피조물로서의 크고 높은 목적을 따를 때에, 가장 선하고 기쁨이 되는 상태 가운데 있게 되는 것입니다. 즉 사람의 기쁨과 즐거움은 그 원형에 있어 사람의 제일 되며 높은 목적을 따름에 있는 것입니다.

그런데 사람의 기쁨과 즐거움은 사람 스스로 취할 수 있는 것이 아닙니다. 사람이 스스로 높아지거나 영화롭게 됨으로 말미암아 기쁘고 즐겁게 되는 것이 아니라, 하나님을 높이며 영화롭게 함으로서 기쁘고 즐거워하는 가운데 있게 되는 것입니다. 아울러 그처럼 하나님을 영화롭게 하며 영광을 돌리는 것 또한, 사람이 스스로 행하는 것으로서가 아니라 하나님으로 말미암는 것을 하나님께 다시 돌림으로써, 곧 하나님의 영광을 하나님께 되돌리는 것을 근본으로 하고 있습니다. 아울러 하나님으로 말미암는 그러한 영광은 이미 하나님의 모든 피조물 안에 풍성히 베풀어져 있었습니다. 따라서 자연의 빛(또한 본성의 빛) 가운데에서 하나님이 계신 것과 그의 능력과 신성의 영광스러움을 얼마든지 볼 수가 있었습니다. 다만 타락한 인간의 어두워진 심령으로 분별할 수 없을 뿐, 지금도 모든 피조물들과 본성 가운데 비춰져 있는 하나님의 영광스런 빛은 여전한 것입니다.

하지만 하나님께서는 더욱 특별하고도 분명한 은혜로서 그 빛(계시)을 밝히셨는데 그것은 바로 '하나님의 말씀'인 '성경'이라고 하는 특별한 계시이며, 그것을 통해 우리들은 구원에 이를 만큼 풍성하게 하나님에 대해, 그리고 하나님께서 하신 일들과 피조물인 사람에게 마땅히 요구된 의무들에 대해 알수 있습니다. 바로 그러한 성경의 지식(진리)을 깨닫는 것이야말로 하나님께 영광을 돌림의 근본이며, 그 또한 성령님의 가르쳐 주시는 것으로 말미암아 비로소 깨닫게 되는 것입니다.

2
하나님에 관해

사람의 제일 되며 가장 높은 최고의 목적에 관한 문답을 시작으로 대교리문답은 하나님의 말씀으로서의 '성경'에 관해 곧장 다루고 있는데, 이와 마찬가지로 웨스트민스터 신앙고백 또한 제1장에서 성경에 대해 다루는 것으로 시작하고 있습니다. 이처럼 웨스트민스터 신앙고백과 대교리문답은 공히 성경에 대한 이해를 바탕으로 모든 신학주제들이 다루어지는데, 그 가운데서 가장 먼저 다루는 것이 바로 하나님에 관한 교리, 즉 '신론'(the doctrine of God)의 주제입니다. 마찬가지로 웨스티민스터 신앙고백과 소교리문답 역시도 성경에 관한 교리를 바탕으로 곧장 신론의 주제를 다루는데, 한마디로 웨스트민스터 표준문서의 신학은 공히 신론을 근거로 하는 신론적 관점에서 모든 교리체계들이 전계되어 있는 것입니다.

사실 하나님의 본질과 속성에 대한 바른 이해는, 이후의 작정과 창조, 그리고 섭리에 이르는 일련의 주제들을 풀어나가는 핵심(core)을 이룹니다. 그러므로 성경을 근거로 하는 하나님의 본질과 속성에 대한 이해, 그리고 그 가운데서의 '삼위일체'에 대한 바른 이해가 중요하다는 사실을 대교리문답과 다른 표준문서들의 기술하는 순서 가운데서 파악해 볼 수가 있는 것입니다. 바로 그러한 바탕 가운데서 즉, 하나님에 대한 바른 이해를 전제하는 가운데서 우리들은 비로소 성경 전체에서 드러나는 하나님의 작정과 섭리의 시행에 있어서도 오해가 없이 바르게 이해할 수가 있습니다.

결국 하나님에 관해 성경을 근거로 바르게 이해하는 것은, 이후의 전체 성경의 요지를 이해하고 정리하는데 있어서 핵심을 이루는 중요한 전제라 하겠습니다. 이 점에 있어서 오늘날의 신앙은 하나님에 대한 이해보다는 인간에 대한 이해, 그것도 인간의 필요와 요구를 당연하게 여기는 이해를 바탕으로 모든 신앙의 체계들이 수립되어 있는 것을 쉽게 찾아볼 수가 있습니다. 한마디로 하나님에 대한 이해를 바탕으로, 하나님께서 세상을 어떻게 창조하셨으며 어떻게 구원을 이끌어 가시는지 등을 전개하는 것이 아니라 우리에게 요구되며 필요한 것들에 근거해서 하나님에 관한 모든 이해와 구원에 대한 이해를 추구하고 있는 것이지요. 그런 점에서 대교리문답이 전개하고 있는 신앙의 구조와 순서가 어떻게 진행되는지에 대한 올바른 이해는, 오늘날 우리들의 신앙에 대한 건전한 비판과 더불어서 개혁하는 신앙의 기초를 제공하는 중요한 근거이자 기초라 하겠습니다.

제6문

성경은 하나님에 대하여 무엇을 알려 주는가?

성경은 하나님의 **본성**과 하나님의 **위격**, 그의 **작정**(decrees)과 그 **시행**을 알려 준다.

제7문

하나님은 무슨 본성을 가지고 계시는가?

하나님은 영으로서, 본래부터 그리고 스스로 존재, 영광, 복되심, 그리고 완전함에 있어서 **영원**하시며, 완전히 **충족**하며 영원하고 **불변**하며 이해를 초월하고 편재하며 **전능**하시다.
그는 또한 모든 것을 아시며 가장 **지혜**롭고 가장 **거룩**하며 가장 **공의**롭고, 가장 **긍휼**하고 **은혜**로우시며 **오래 참고**, **선하심**과 **진리**가 충만하시다.

대교리문답 제5문에서 우리들은 성경의 요지가 하나님이 어떠한 분이신지와 그 하나님께서 사람에게 요구하시는 바가 무엇인지에 대한 것임을 대답하고 그에 관해 살펴봤습니다. 이제 제2과에서는 성경이 하나님에 관해 어떻게 말하고 있는지를 구체적으로 살펴볼 것입니다. 즉, 하나님이 어떠한 분이신지 성경을 통해 살펴보게 되는 것입니다.

■ 요 4:24 말씀은 하나님이 어떤 분이시라고 했습니까? [32]

■ 출 3:14 말씀은 하나님이 어떤 분이시라고 했습니까? [33]

■ 히 11:6 말씀은 하나님께 나아가는 자에게 반드시 무엇이 있어야 한다고 했습니까? [34]

요 4:24 말씀은 하나님이 어떠한 분이신지를 단적으로 말하고 있습니다. 또한 출 3:14 말씀에서도 우리는 하나님의 본질에 대한 정의를 살펴 볼 수가 있습니다. 하나님은 '영'(a spirit)이십니다. 그런데 출 3:14 말씀에 따르면, 하나님은 우리의 '영혼'과 같이 피조 된 영(spirit)이 아니라 시작도 없고 끝도 없으며(스스로 계신), 모든 피조물들과는 근본적으로 다른 영이십니다.

사람의 영혼은 눈으로 볼 수 있는 존재가 아닙니다. 하물며 사람의 영혼과 근본적으로 다른 영이신 하나님에 관해 우리는 전적으로 볼 수도 없고 이해할 수도 없는 것입니다. 그러므로 하나님을 어떤 형상이나 그림으로 표현하는 것은 하나님을 전혀 모를 때에나 할 수 있는 일이며, 더구나 하나님의 계명(제2계명)을 범하는 큰 죄인 것입니다.

한편, 히 11:6 말씀은 우리의 눈으로 볼 수 없으므로 영혼이 없다고 말할 수 없는 것처럼, 눈으로 볼 수 없고 사람의 이성으로 이해할 수 없다고 해도 하나님은 분명 존재하심을 전재(前載)하고 있습니다. 눈으로 볼 수 없고 사람이 다 이해할 수 없지만, 분명 하나님이 계시기 때문에 그를 찾는 자들에게 상(賞)을 주시기까지 하신다는 것입니다.

■ 출 34:6 말씀은 하나님에 대해 어떻게 말합니까? [35]

■ 시 147:5 말씀은 하나님에 대해 어떻게 말합니까? [36]

■ 시 90:2 말씀은 하나님의 기원에 대해 어떻게 말합니까? [37]

■ 말 3:6 말씀은 하나님을 어떤 분이라고 했습니까? [38]

하나님의 속성 가운데서 지혜, 인자하심, 권능, 진실하심 등은 사람에게도 일부 찾아볼 수 있는 것들입니다. 이처럼 사람에게서도 일부 찾아볼 수 있는 속성을 일컬어 '공유적(communicable) 속성'이라고 하는데, 이러한 속성의 공유로 말미암아서 사람을 '하나님의 형상(창 1:26'이라고 부르는 것입니다. 이러한 속성들을 통해 사람은 하나님이 어떠한 분이신지를 지극히 일부나마 알 수가 있습니다.

그러나 그러한 '공유적 속성'이라고 해도 하나님께서 지니신 속성은 사람과 비교할 수 없을 정도로 큰 차이를 지닙니다. 사람이 지닌 지혜, 인자, 진실 등은 하나님께서 지니신 것과는 비교할 수가 없는 것입니다. 그러므로 사람이 하나님의 지혜에 대해서 생각할 수 있는 것은 단지 간접적으로 알 수 있는 정도의 것입니다. 우리에게 일부 있는 지혜를 가지고 간접적으로나마 하나님의 지혜를 생각해 볼 수 있는 것입니다.

한편, 하나님의 속성 가운데서 무한하심(초월성), 무궁하심(초시간성), 불변하심 등은 사람이 전혀 지니지 않은 속성들입니다. 이와 같이 사람에게서는 전혀 찾아볼 수 없는 속성을 일컬어 '비공유적 속성'이라고 합니다. 이러한 하나님만의 속성들은 사람이 도무지 감당할 수 없는 것들입니다. 하나님을 본 자가 없으며(요 1:18), 하나님 앞에서 인간이 두려워 떠는 것(창 15:1)은 이처럼 측량할 수 없는 하나님의 속성에 대한 단적인 경외의 표현입니다. 우리가 하나님에 대해 바르게 깨닫는다면 반드시 하나님을 두려워할 줄 알아야 하는 것인데, 그 중요한 이유가 바로 이와 같은 하나님의 비공유적 속성 때문입니다. 자신과는 신분이 다른 높은 계급의 사람이나 왕 앞에 서면 자신도 모르게 조심스러워지고 두려움을 느끼는 것처럼, 사람과는 질적으로나 양적으로나 무한한 차이를 지니시는 하나님에 대해서 두려움을 느끼고 조심스러워지는 것은 신앙에 있어서 아주 중요한 태도 가운데 하나인 것입니다.

■ 요 1:18 말씀에서 예수님은 누구를 나타내신다고 했습니까? [39)]

■ 그렇다면 '영'이신 하나님께서 신체를 지니신 것으로 말하는 성경의 표현 (수 4:24 등)은 어떻게 이해해야 할까요? [40)]

요 1:18 에서 사도 요한은 예수님에 대하여 이르기를 "본래 하나님을 본 사람이 없으되…독생하신 하나님이 나타내셨느니라"고 했습니다. 하나님은 눈으로 볼 수 있는 분이 아니시지만, 예수님을 통해서 볼 수 있는 것처럼 됐다는 말입니다. 그처럼 하나님에 대하여 의인화(擬人化)하여 표현하고 있는 구절들은 마찬가지로 무한하신 하나님을 유한한 사람이 이해할 수 있는 방식으로 드러내주는 것입니다. 만일 그렇게 표현하지 않으면 달리 표현할 길이 없기 때문에 불가피하게 사람의 방식으로 표현하신 것입니다.

■ 창 6:6; 삼상 15:35 에서 하나님의 마음은 실재로 변하셨습니까? [41)]

■ 이와 관련하여 삼상 15:29 말씀은 뭐라고 했습니까? [42)]

■ 그렇다면 삼상 15:29 말씀과 삼상 15:35 말씀을 어떻게 이해해야 하는 것일까요? [43)]

사무엘상 15장에서 여호와 하나님께서는 분명 사울을 왕으로 세우신 것을 후회하셨다고 기록하고 있습니다. 그러나 모든 것을 아시는 하나님께서는 이미 창 49:10에서 유다가 이스라엘의 왕가를 이을 것임을 말씀하셨습니다. 즉, 유다지파가 아니라 베냐민 지파인 사울이 이스라엘의 왕가를 이을 수 없는 것이 이미 창 49장에서 언급되어 있는 것입니다.

성경은 전체의 문맥으로 이해해야 합니다. 하나님의 말씀을 들은 선지자는 부분으로 듣지만, 선지자에게 말씀을 주시는 하나님은 성경 전체의 문맥 가운데서 말씀하시기 때문입니다. 하나님의 말씀을 듣는 사람과 이를 기록하고 읽는 사람은 시간과 공간이라는 제한 속에서 하나님을 접하지만, 말씀하시는 하나님께서는 시간이나 공간의 제한을 받지 않으시며 모든 것을 아시며, 하나님 당신의 의지대로 모든 일을 이루시는 분이십니다. 그런즉 사울에 대한 '후회'란 사울의 불순종이 하나님 앞에서 얼마나 실망스런 행동인지와 그로 말미암아 이스라엘에 임할 고통과 실패가 얼마나 근심스런 것인지를 표현하는 의인화 된 표현인 것입니다.

■ 이와 관련하여서 시 102:25~27; 말 3:6; 딤후 2:13의 말씀들은 또 뭐라 말하고 있습니까? [44]

하나님의 계획(작정)의 실행은 항상 하나님의 완전하신 본성에서 나오는 것입니다. 그러므로 선한 피조물이 악하게 된 것에 대해 하나님께서 후회하신다거나 슬퍼하신다고 했어도 그것은 사람에게 공유

(共有)적으로 드러내신 것일 뿐, 하나님의 완전성, 불변성, 영원성과 모순되는 것이 결코 아닙니다.

■ 딛 1:2 말씀은 어떠한 것을 말하고 있습니까? [45)

■ 딤후 2:13은 하나님에 대해 어떻다고 말합니까? [46)

하나님께서는 아무것도 없는 절대적인 무(無)의 상태에서 시간과 공간과 물질들로 채워진 세계를 만드신 전능하신 분이십니다. 성경은 그런 하나님께서 하지 못하시는 것이 있다고 말하는데, 그것은 '거짓' 즉, 진실하신 하나님의 속성을 거스르는 일입니다.

하나님께서는 자신의 본성을 결코 거스르지 않으십니다. 그러므로 하나님께서 하시는 모든 일들은 하나님의 본성에 부합하는 일들인 것입니다. 즉, 성경의 모든 일들은 하나님의 본성에 부합하는 대로 이뤄진(또한 이뤄질) 일들인 것입니다.

● 다음 물음 중 옳은 답변에 ✔표를 해보시기 바랍니다.

■ 하나님께서는 신체 또는 신체적인 부분을 가지고 계시는가?

예 / 아니오

■ 하나님은 존재하심에 있어서 무한하신가?

예 / 아니오

■ 하나님은 시간이나 장소에 제한되지 아니하며 완전하신가?

예 / 아니오

● **복습:** 성경은 하나님에 대하여 무엇을 알려 주는가?

: 성경은 하나님의 (   )과 하나님의 (   ), 그의 (   )과 그 (   )을 알려 준다.

● **복습:** 하나님은 무슨 본성을 가지고 계시는가?

: 하나님은 (   )으로서, (   ) 그리고 (   ) 존재, 영광, 복되심, 그리고 (   )에 있어서 (   )하시며, 완전히 충족하며 영원하고 (   )하며 이해를 (   )하고 편재하고 (   )하시다. 그는 또한 모든 것을 아시며 가장 (   )롭고 가장 (   )하며 가장 (   )롭고, 가장 (   )하고 (   )로우며 (   ), 선하심과 진리가 (   )하시다.

제8문

한 분 이상의 신들이 있는가?

오로지 살아계시고 참되신 **한 하나님**만 계실 뿐이다.

제9문

신격에는 몇 분이 계시는가?

신격에는 세분, 즉 아버지와 아들과 성령이 계시니, 이 세분은 비록 그들의 인격적 **속성에서 구별**되지만 **본질이 동일**하고 능력과 영광이 동등한 하나의 참되고 영원하신 하나님이시다.

앞에서 성경이 하나님에 대하여 무엇을 알려 주는지, 하나님은 무슨 본성을 가지고 계시는가를 살펴보았는데, 조금 포괄적으로 하나님은 영(a spirit)이시며*, 지혜, 자비, 권능, 진실하심과 같은 일부 공유적 속성과 무한하심, 영원하심, 무궁하심, 전능하심, 전지하심 등의 비(非)공유적 속성을 지니신 분이시라는 것을 살펴보았습니다.

---

* 영이신 하나님께 대한 경배는 영적이다. 즉, "신령과 진리로(요 4:23)" 경배를 요구하신다(제2계명의 뜻).

이번 문답에서는 하나님을 더욱 구체적으로, 성경을 통해 하나님 자신을 어떻게 알리셨는가에 대해 살펴보겠습니다.

■ 신 6:4 말씀은 하나님을 몇 분이라고 말합니까? [47]

■ 고전 8:4-6 말씀에서는 하나님을 몇 분으로 말합니까? [48]

오직 한 하나님을 믿는 신앙의 체계를 일컬어 '유일(唯一)신론'이라고 합니다. 신론을 크게 나누어 보면, '유일신론' 혹은 '단일(單一)신론'과 '다(多)신론'으로 구분할 수 있습니다. 하지만 하나님의 속성 가운데 무한성, 전능성, 영원성만 생각해 봐도 '다신론'은 성립할 수 없습니다. 다신론을 인정하는 순간, 그러한 신은 무한하지도 전능하지도 영원하지도 않은 존재가 되기 때문입니다. 그래서 다신론의 신관에서는 신에게도 계층이 있기까지 합니다.

한편, 어떤 사람들은 '종교의 발전'이라는 말을 합니다. 즉, 하등한 정령신앙에서 시작한 종교가 발전하여 다신론의 신관을 가지는 형태로 발전하다가 최종적으로 유일신론의 종교로 발전해 왔다는 것입니다. 이러한 생각은 진화론적인 것으로서, 성경은 오히려 거꾸로 태초에 한 하나님께서 만물을 창조하셨으나, 사람의 타락과 부패로 말미암아 많은 신들과 우상을 섬기게 되었다고 기록하고 있습니다.

■ 십계명 가운데 다신론을 정죄하는 계명은 어느 계명입니까?(출 20:3 참조) [49]

■ '다신론'과 '우상숭배'는 어떤 차이가 있을까요? [50]

로마 가톨릭 교회에서는 하나님을 향한 예배와 함께 마리아와 성인 (聖人)들을 위한 예배를 함께 드림으로써 '다신론'의 신관을 수용합니다. 그러면서 또한 그들은 숭배하는 일을 돕기 위해 형상과 그림을 통해 우상숭배를 병행합니다. 즉, 가톨릭 신자들은 다신론자일 뿐 아니라 우상숭배자들인 것입니다. 이처럼 '다신론'과 '우상숭배'는 그 차이에도 불구하고 교묘한 연계성을 지닙니다. 특히 다신론의 신관을 지닌 종교에서는 형상이나 그림을 통한 우상숭배가 만연해 있는 것을 흔히 볼 수 있습니다.

■ 마 28:19; 고후 13:13 말씀에서는 몇 분(위격)의 하나님이 언급되고 있습니까? [51]

■ 고전 8:6에서는 어떤 분이 소개되어 있습니까? [52]

■ 요 1:1; 요일 5:20에서는 어떤 분이 소개되어 있습니까? [53]

■ 행 5:3-4에서는 어떤 분이 소개되어 있습니까? [54]

기독교 신앙 내에서 대부분의 과오는 불완전한 신관(神觀)에서 비롯됩니다. 아울러 삼위일체(三位一體) 하나님의 교리는 기독교 신앙에 있어서 가장 중요한 교리입니다.

하지만 '삼위일체'의 진리는 인간의 이성으로 이해하기 참으로 어려운 교리이기도 한데 그것은 이성과 모순되기 때문이 아니라, 이성을 초월하는 교리이기 때문입니다.

우선, 삼위일체의 교리를 간단히 요약하면 이렇습니다.

1. 오직 한 분 하나님만이 계신다.
2. 성부(聖父)도 하나님이시고, 성자(聖子)도 하나님이시고, 성령님도 하나님이시다(삼 위격의 하나님).
3. 각 위격(位格)은 각각 구별된다.

삼위일체 교리에 대한 잘못된 설명의 예: 양태론

1. 물이 얼면 얼음이 되고 끓으면 증기가 되는 것과 같은 원리다.
2. 삼위일체는 불과 빛, 그리고 열과 같은 이치다.
3. 자식에게는 아버지, 어머니에게는 남편, 직장에서는 사원인 한 남자와 같은 원리다.

이러한 양태론의 설명은 얼핏 삼위일체 하나님에 대한 적절한 설명인 것처럼 생각되기 쉽지만, 사실 이러한 설명은 한 실체가 각각 형태만을 바꾸어 제시된 것으로서, 세 양태(樣態)가 동시에 한 시공간 안에 존재할 수 없다는 점에서 전혀 삼위일체의 합당한 설명일 수가 없습니다.

■ 막 1:9~11 말씀이 위의 설명과 부합할 수 있겠습니까? [55)]

사실, 삼위일체의 예는 자연계에서는 전혀 찾아볼 수 없으며, 이는 하나님만의 독특한 진리입니다. 그러므로 삼위일체이신 하나님에 대하여는 오직 하나님께서 성경을 통해 나타내신 대로만 설명이 가능합니다. 무엇보다 성경은 '창조'(창 1:26) 뿐 아니라 '구원의 계획'에 대해서도(막 1:9~11) 삼위일체 하나님 사이에 맺으신 '언약' 또는 '약속'으로 설명합니다. 그런즉 삼위일체 교리가 부정된다면 창조 사역도 부정되어야 하고, 구원의 계획에 관한 성경의 전체 교훈 역시 부정되는 것입니다.

삼위일체 교리를 부인하는 유사 기독교들:

1. **여호와의 증인** - 이들은, 하나님은 단지 한 위격, 즉 성부이신 여호와만 계신다고 가르칩니다. 또한 이들은 예수님은 성부의 피조물이며, 성령님도 단지 하나님의 능력에 대한 호칭에 불과한 것으로 믿는 단일신론자들입니다.

2. **몰몬교** - 하나님이 육체적인 몸을 지니고 있다고 가르치며, 예수 그리스도를 포함한 모든 인간은 땅에 태어나기 전에 태초에 하나님이 낳았다고 주장합니다. 또한 예수는 하나님이 되신 분으로 우리도 그와 같이 신들이 될 수 있다고 믿는 다신론자들

입니다.

3. 통일교 – 예수는 하나님이 몸을 빌어 성육신한 사람이지만, 그가 바로 하나님은 아니며, 그가 인류를 위한 영적 구원은 성취했으나 결혼을 해 가정을 일으키는 데는 실패하여 온 세상에 완전한 가정을 더욱 더 퍼트리게 될 육신적 구원은 이루지 못했기에 교주 문선명이 예수 그리스도의 미완의 사역을 완성하도록 부름 받았다고 주장합니다.

성경은 하나님을 삼위일체로 나타내고 있으며, 창조사역이나 구원 계획과 사역 모두 삼위(三位) 하나님의 의논(議論) 가운데서 주권(主權)적으로 이루신 것으로 기록하고 있습니다. 즉 '창조'에 인간을 포함한 그 어떤 피조물도 참여하지 않았듯이 '구원'에 있어서도 인간을 포함한 그 어떤 피조물도 관여하지 않고, 오직 삼위 하나님께서 주권적으로 계획하시고 이루신 것(막 15:34)입니다.

이처럼 삼위일체하나님을 성경이 가르치는 데로 알게 될 때에, 우리들은 하나님의 주권적인 계획과 사역에 대한 깊은 안목을 가질 수 있습니다. 천지만물들을 창조하실 적에 삼위 하나님만이 그 사역을 감당하셨듯이, 구원의 계획과 구원의 성취(십자가 사역)뿐 아니라 구원의 완성(종말)에 이르기까지 모든 일들 또한 삼위 하나님께서만 주권적으로 계획하시고 이루시며 완성하실 것입니다. 그러므로 우리가 복음전파의 사역을 감당하거나 하나님을 영화롭게 하는 삶을 살아간다고 하더라도, 그것으로 하나님과 협력(協力)하거나 기여(寄與)했다고 생각할 수 없는 것입니다. 바로 그처럼 잘못된 생각들의 예가 바로 몰몬교와 통일교의 교리들입니다.

결국, 삼위일체의 교리는 사변(思辨)과 같은 불필요한 교리가 결코 아닙니다. 오히려 삼위일체의 교리는 성경에 언급한 대로 분명하게 알아야만 하는 명백한 '진리'입니다. 이를 버리고 단일신론을 취할 때에 우리들은 여호와의 증인들과 같이 어느 한 위격만을 인정하고 다른 위격을 부인하거나, 몰몬교 혹은 통일교도들과 같이 각 위격들을 불완전하게 분리하거나 사역(일하심)에 대해서 오해하게 되는 것입니다.

● 다음 물음에 대해 옳다고 생각되는 답변에 ✔표를 해보시기 바랍니다.

    ■ 세 위격(성부, 성자, 성령)은 한 하나님이신가?

                                                      예 / 아니오

    ■ 세 위격은 실체(實體)에 있어서 동일하신가?

                                                      예 / 아니오

    ■ 세 위격은 실체에 있어서 성부, 성자, 성령으로 각각 분리** 되시는가?

                                                      예 / 아니오

** '구별'(區別)과 '분리'(分離)라는 말은 각각 '지경을 나눈다'는 뜻과 '나누어 떼놓는다'는 뜻을 지니고 있어서 다소 모호한 차이를 지니지만, 영어 표현으로는 'distinction'과 'separate' 즉, '구별·차이'라는 뜻과 '가르다, 나누다'라는 뜻으로 그 차이가 더욱 명확합니다. 삼위(三位) 간에는 분리가 아니라 구별·차이가 있을 뿐입니다.

■ 세 위격 중 성부의 위격이 다른 위격보다 권능과 영광에서 조금 더 높으신가?

예 / 아니오

● **복습:** 한 분 이상의 신들이 있는가?

: 오로지 살아계시고 참되신 (   ) 만 계실 분이다.

● **복습:** 신격에는 몇 분이 계시는가?

: 신격에는 (   ), 즉 아버지와 아들과 성령이 계시니, 이 세분은 비록 그들의 인격적 속성에서 (   )되지만 본질이 (   )하고 (   )과 (   )이 동등한 (   )의 참되고 (   )하신 하나님이시다.

제10문

신격 안에 계시는 세분의 인격적 속성은 무엇인가?

아버지에게는 그의 아들을 **낳으신 것**이, **아들**에게는 아버지로부터 **독생하신 것**이, 그리고 **성령**에게는 아버지와 아들로부터 **나오신 것**이 영원 전부터 고유한 속성이다.

제11문

아들과 성령이 아버지와 동등한 하나님이시라는 사실이 어떻게 나타나는가?

성경은, 오직 하나님께만 고유한 **명칭**과 **속성**과 **사역**과 **예배**를 그들에게도 돌림으로서, 아들과 성령이 아버지와 동등한 하나님이심을 명백히 나타낸다.

인간의 언어로 하나님을 나타내고 표현하는 것은 처음부터 제한(制限)이 있습니다. 즉, 유한한 인간이 무한하신 하나님을 표현할 때에, 그 표현은 사실 완전한 표현일 수 없는 것입니다. 그러므로 우리 인간의 언어로 하나님을 표현하는 것은, 하나님께서 인간의 언어적 표현으로 자신의 지식을 낮추시는 것이 전제(前提)됩니다. 이처럼 하나

님에 대한 지식은 그 시작에서부터 자신을 낮추시는 하나님의 자비
와 은혜가 내포되어 있습니다.

■ 히 1:5 말씀으로 볼 때에 시 2:7 말씀은 누구를 가리키는 것입니까? [56]

■ 히 1:5 말씀은 하나님께서 예수 그리스도에 대해 "오늘 내가 너를
(   )"고 했습니다.

■ 요 1:14,18에서는 예수 그리스도를 하나님 아버지의 (   )라고 했
습니다.

성경은 성부 하나님과 성자 하나님간의 관계를 설명하기를 '낳다'라
는 단어로 언급합니다. 즉, 부모가 자식을 낳는다는 인간적 언어와
거의 유사하게 '낳다'라는 단어로 설명한 것입니다.

■ 히 1:10-12에서 '주'(Lord)는 누구를 말합니까? [57]

■ 히 1:5에서 "오늘"은 언제를 말하는 것입니까(8절 참조)? [58]

신약성경을 읽을 때에 자칫 예수님께서는 신약시대에 비로소 계셨던 것으로 이해할 수 있는데, 그렇게 되면 예수님은 하나님의 피조물이거나* 하나님을 드러내는 다른 모습이었던 것으로 오해될 수 있습니다**.

그러나 히 1:5에서, "오늘날"이라 함은 8절에 기록한 대로 영원의 날("주의 보좌가 영영하며")을 의미합니다. 그러므로 히 1:5의 "오늘날"이라는 말은 그 이전에는 성자 하나님이 존재한 적이 없으셨다는 말이 아닙니다***.

히브리서 1장은 성자 하나님이 지으신바 된 피조물이 아니며 영원부터(11-12절) 성부 하나님에 의해 독생하셨다고 말합니다(요 1:1; 17:5; 골 1:15 참조). 만일 성자 하나님께 시간 안에서의 시작이 있었다면, 성자는 결코 "하나님"으로 불리실 수 없을 것입니다.

■ 요 15:26; 갈 4:6 말씀은 성령께서 누구에게서 나오시며, 누구에게서 보내심을 받으시는 분이라고 했습니까? [59)]

─────────────

* 예수님을 이렇게 생각할 경우, 예수님의 신성의 문제가 상당히 약화되어서 예수님을 불완전한 분으로 오해하거나, 성부 하나님보다 낮은 등급의 신성을 지니신 분으로 오해할 수 있습니다.

** 이 경우에는 마 3:13-17의 사건을 설명할 수 없게 됩니다.

*** 시2:7의 말씀이 담긴 찬양을 부르면서 "너는 내아들이라 오늘날 내가 너를 낳았도다…"라는 가사를 마치 찬양하는 우리 자신에 대한 말씀으로 오해하는 경우가 있는데, 그 가사는 분명 성부 하나님에게서의 성자 예수 그리스도의 '영원한 출생'에 대한 가사입니다.

아울러 성경에서는 성부 하나님께서 성자와 성령을 보내시고 그를 통하여 역사하신다고 말합니다. 성경은 또한 성령을 보내시고 그를 통하여 역사하시는 분이 성자 하나님이심을 밝힙니다. 성경은 단 한 번도 성자 하나님이 성부를 통해서 일하신다거나 성령 하나님이 성자를 보내셔서 그를 통하여 일하신다고 하지 않았습니다.

■ 요 12:41은 사 6:9-10 말씀이 누구를 가리켜 말한 것이라고 했습니까? 60)

■ 행 28:25은 사 6:9-10의 말씀이 선지자 이사야를 통해 누가 하신 말씀이라고 했습니까? 61)

■ 결국, 사 6:9-10은 하나님의 몇 위격이 관계되어 있습니까? 62)

■ 사 9:6에서 말하는 신적속성은 누구에 대한 것입니까? 63)

■ 고전 2:10-11에서 말하는 신적속성은 누구에 대한 것입니까? 64)

■ 요 1:3; 골 1:16은 창조사역을 누구와 관련하여 설명합니까? 65)

■ 창 1:2에서는 창조사역을 누구와 관련하여 언급했습니까? [66)]

■ 마 28:19에서는 누구의 이름으로 세례를 베풀라 했습니까? [67)]

이처럼 성경에는 구약과 신약을 막론하고 곳곳에서 삼위일체를 나
타내 보이고 있는 하나님에 대한 언급들이 있습니다. 바로 그러한
성경에 의하면 한 하나님이 계시는데, 이 한 하나님은 성부와 성자
와 성령 하나님으로 각기 구별된 삼위로 존재하시는 오직 한 분이
신 하나님이십니다. 또한 각각의 위격은 진실로 하나님이시며, 다
른 하나님과 동등하시므로, 예배에 있어서도 동등하신 대상이 되십
니다****.

사실, 삼위일체의 진리에 관하여 우리는 경외하는 태도로 인식해야
하며 우리의 지성으로 설명하거나 이해할 수 있는 능력을 초월하는
신비로운 신적 진리임을 인정해야 합니다. 왜냐하면 삼위일체의 하
나님은 우리가 이해할 수 있기 때문에 그렇게 아는 것이 아니라, 성
경에서 그렇게 알려주기 때문에 그렇게 받는 것이기 때문입니다. 아
울러 우리들은 그러한 삼위일체의 진리가 우리와 무관한 진리가 아
니라 모든 말씀, 특히 구원을 비롯한 모든 하나님의 사역들에 관한
말씀을 바르게 이해하는데 필요한 중요한 지식이라는 사실을 반드

**** **신적인 예배에는 이 삼위일체의 하나님 외에는 그 어떤 것도 대상이 될 수 없
습니다.** 세례도 성부와 성자와 성령의 이름으로 주듯이 예배의 중심은 오직 삼위
일체의 하나님이어야만 합니다. 그러므로 **우리는 예배를 드림에 있어서 하나님
외의 어떤 특정한 사람이나 대상이 부각되지 않도록 최대한 조심해야만 합니다.**

시 인정해야만 합니다.

결국, 삼위일체에 대한 바른 이해는 하나님의 절대주권과 예정을 바르게 이해하는 중요한 기초가 됩니다.

● **복습:** 신격 안에 계시는 세분의 인격적 속성은 무엇인가?

: (　　　)에게는 그의 아들을 (　　　)이, (　　　)에게는 아버지로부터 (　　　　)이, 그리고 (　　　)에게는 아버지와 아들로부터 (　　　) 이 영원 전부터 (　　　)이다.

● **복습:** 아들과 성령이 아버지와 동등한 하나님이시라는 사실이 어떻게 나타나는가?

: 성경은, 오직 하나님께만 고유한 (　　　　)과 (　　　　)과 (　　　　)과 (　　　　)를 그들에게도 돌림으로서, 아들과 성령 이 아버지와 (　　　　)이심을 명백히 나타낸다.

3
하나님의 작정
(predestination)

앞의 문답들 가운데서 우리들은 하나님의 본질과 여러 속성들에 관
해 살펴보았습니다. 그리고 그러한 속성 가운데서 삼위일체로 계시
된 하나님을 성경 가운데서 확인할 수 있었는데, 바로 그러한 삼위
일체 하나님에 대한 이해는 앞으로 성경 전체의 기록을 풀어내며 이
해하는 중요한 단서를 제공합니다. 한편, 하나님의 속성을 이해하는
것은 이후로 하나님의 작정을 이해하는데 있어서도 중요합니다. 대
표적으로 하나님의 불변성에 근거하여서, 하나님의 작정의 불변성
이 확고함을 알 수 있는 것입니다. 아울러 창세 전에 그러한 하나님
의 불변하는 작정이 있었으니, 창세 이후의 모든 일들의 역사는 불
변하는 하나님의 작정의 결과인 점에서 하나님의 절대적인 주권을
나타내는 것입니다. 바로 그러한 이해를 바탕으로 '구속의 경륜' 또
한 올바르게 이해할 수가 있으니, 나타나는 모든 일들의 근원적인
원인이 모두 작정 안에서 하나님께 있음을 알 수가 있습니다. 그러
나 현대의 신학에서는 이미 신론을 기반으로 하는 작정과 하나님의
주권 사상이 상당히 약화되어 있습니다. 심지어 역사에 있어 모든
것들은 하나도 정한 바가 없으며, 진화론적인 도전과 응전의 변증법
적인 역사관에 의해 성경을 해석하기도 하는 일들도 얼마든지 벌어
지고 있는 것이 현실입니다. 그러므로 작정에 대한 바른 이해는, 성

경의 전체 문맥과 목적을 바르게 파악하고 이해하는데 있어서 중요한 기초를 제공하는 것입니다.

끝으로 작정은 '창조'와 '섭리'의 사역으로 실행되는데, 창조와 섭리 또한 그 목적이 우리들 자신의 영화롭게 함에 있지 않고 하나님의 영화로움과 그에 대해 우리들도 영원토록 즐거워하게 됨에 있는 것입니다. 한마디로 하나님의 작정은 '하나님의 주권적인 사역'에 관한 작정으로서, 그것은 피조세계의 문제들이나 우리 인간의 그 어떤 요인들을 고려하여 수립된 것이 아니라 전적으로 하나님 자신의 주권적인 뜻과 의지를 반영하는 것으로 수립된 것입니다. 그런즉 하나님의 작정 혹은 예정에 있어서는, 근본적으로 첫 사람 아담의 타락과 부패의 가능성조차도 고려되지 않은 전적인 하나님의 뜻과 의지 가운데서 수립된 것임을 논리적으로 깨달을 수 있을 것입니다. 만일에 그러한 작정이 아니라 피조물인 인간의 타락과 부패를 감안하여 수립된 작정이라고 한다면 그것은 피조물의 타락과 부패라고 하는 변수를 감안하여 수립된 것이라는 점에서 하나님의 주권적인 것으로 성립할 수 없는 것이며, 그런 만큼 하나님의 작정에 있어 불변성이나 확실성 또한 제한적으로만 인정될 수 있는 다소 유보적인 성격으로 이해할 수밖에 없을 것입니다. 하지만 하나님의 작정의 불변성은, 하나님의 구원과 종말에 있어서의 최종적인 완성에 이르기까지 전적으로 하나님의 속성을 인정함을 바탕으로 비로소 믿음을 확보하게 되는 중요한 부분이라 하겠습니다.

제12문

하나님의 작정이란 무엇인가?

하나님의 작정이란, **그의 뜻**의 경륜에 속한 지혜롭고 자유로우며 거룩한 행위로서, 이에 의해 그는 **영원 전**에 자신의 **영광을 위해** 조만간 앞으로 일어날 모든 것, 특히 천사와 인간에 대한 것을 **불변하게** 미리 정하셨다.

성경은 하나님께서 당신이 창조하신 우주에 대한 총체적이며 정확한 계획을 가지고 계신다고 말합니다. 우리가 보기에 아무런 이유도 없이 우발적으로 일어나는 것 같은 일들이라도 그러한 일은 없으며, 오히려 모든 일의 궁극적 원인은 전능(全能)하고 불변(不變)하는 하나님의 계획이라는 것입니다. 이러한 하나님의 작정 혹은 예정의 이해에는 앞서 살펴본 삼위일체의 하나님에 대한 이해가 반드시 요구됩니다. 그 가운데서도 하나님의 무한성, 전능성, 높으심 등의 신적 속성과 그 사역(일하심)에 대한 이해 가운데서 작정 혹은 예정을 이해해야 하는 데, 교리문답에서는 이를 "그의 뜻의 경륜에 속한 지혜롭고 자유로우며 거룩한 행위"라고 표현합니다.

■ 엡 1:11 말씀은 우리가 어떻게 예정을 입었다고 했습니까? [68]

■ 사 46:10 말씀은 옛적부터 보이시고 이르신 것에 대해 어떻게 기록했습니까? ⁶⁹⁾

■ 욥 14:5은 사람의 사는 날을 누가 정하셨다고 했습니까? ⁷⁰⁾

■ 잠 16:4 말씀으로 보건데, 하나님은 믿지 않는 자들도 하나님의 뜻을 따라 예정하셨습니까? ⁷¹⁾

■ 결국, 모든 작정들은 누구를 중심으로 하는 것입니까? ⁷²⁾

'작정'이란 창조된 자연계 안에서 발생하는 모든 일들에 대한 하나님의 결정을 말합니다. 그리고 그러한 작정 가운데서 특별히 천사와 사람의 영원한 운명에 관계된 하나님의 결정을 '예정'이라고 말합니다. 따라서 포괄적으로 모든 일들이 다 하나님의 작정에 따른 것이며, 그 가운데서 더 구체적으로 천사들과 사람들(영적인 존재들)에 관한 하나님의 결정을 따로 '예정'이라고 하는 것입니다. 또한 철저히 이러한 작정(예정)에 따라 모든 실재적인 일들이 이뤄지고 가능케 되는 것입니다.

■ 엡 1:4-5은 인간에 대한 예정이 언제 결정됐다고 말합니까? [73]

■ 엡 1:5에서 인간이 하나님의 아들들이 된 것은 누구로 말미암아서라고 했습니까? [74]

하나님께서 작정과 예정을 결정하신 것은 시간이 있기 전 영원 가운데서입니다. 그러므로 하나님의 작정과 예정은 시간(역사)안에서 벌어질 모든 일들에 대해 자유롭습니다. 이는 엡1:4 말씀의 "창세 전에 그리스도 안에서 우리를 택하사"라는 언급을 통해서도 알 수가 있습니다. 즉, 우리를 택하사 그리스도 안에서 구속하시고 하나님의 자녀로 삼으신 것은 인간의 타락으로 말미암아서가 아니라 인간의 타락이 있기 전, 창세 전의 일이라는 것입니다. 어떤 사람들의 말처럼 하나님께서 율법을 지킴으로서 사람이 하나님의 자녀가 될 수 있도록 하셨는데, 이에 실패하자 다른 방편으로 그리스도의 대속을 계획하신 것이 아닙니다. 만일 그런 것이라면, 하나님은 불변하시는 분이 아니시며, 자유롭지도 지혜롭지도 못하신 분으로서, 결국 그의 거룩하심까지 손상을 입으실 것입니다.

시 33:11은 이르기를 "여호와의 도모는 영영히 서고 그 심사는 대대에 이르리로다"라고 했습니다. 하나님께서는 사람처럼 날마다 계획하시지 않습니다. 또한 그 계획을 변경하시지도 않으십니다. 소교리문답은 그래서 "하나님의 예정은 그 뜻대로 하신 영원한 경륜이다"라고 말합니다. 한마디로 하나님께서는 창세 전에 역사의 모든 일들을 결정하시고 이를 실행하시는 분이십니다. 우리가 이를 깨닫지 못할 뿐, 하나님의 말씀은 이를 분명하게 가르쳐 주고 있습니다.

■ 하나님의 계획과 목적(예정)을 사람이 다 설명할 수 있을까요? [75]

■ 이에 대해 롬 11:33은 어떻게 말하고 있습니까? [76]

■ 엡 1:12은 하나님의 작정(예정)의 목적을 무엇이라 했습니까? [77]

■ 위와 같은 하나님의 작정을 이기적이라거나 잘못된 것이라 말할 수 있겠습니까? 아니라면 그 이유는 무엇인가요? [78]

■ 시 33:11은 하나님의 작정을 어떻게 말합니까? [79]

■ 욘 1:7의 "제비가 요나에게 뽑힌" 것은 우연이었습니까? [80]

'제비'를 뽑거나, '추첨'을 하는 것 등은 사실 모두 '우연수'를 전제로 하는 것입니다. 이처럼 우리들은 '우연'(偶然)이라는 말에 익숙합니다. 그러나 성경은 그처럼 우연스럽게 보이는 일들조차도 하나님의 뜻에 따라 이뤄지는 것임을 분명하게 말합니다.

■ 왕상 22:34에서 한 사람이 무심코 활을 당겨 이스라엘 왕의 갑옷 솔기를 맞힌 것은 우연이었을까요?(28절 참조) [81]

이처럼, 성경에 따르면 하나님의 작정은 모든 것을 포함하는데 앞으로 발생할 모든 일을 다 포함합니다. 우리가 보기에 아주 사소한 우연으로 보이는 일들이라도 하나님 안에서는 전혀 우연한 일이 아닙니다. 우리는 이를 다 알지 못하고 이해조차 할 수 없지만 하나님의 절대적인 계획을 벗어나서 이뤄지는 일이란 결코 없습니다. (잠 16:33; 행 1:24, 26; 막 14:30,72 참조)

■ 하나님의 작정에는 인간의 범죄도 포함됩니까?(창 45:5,8; 50:20; 삼상 2:25; 행 2:23 참조) [82]

■ 하나님의 작정과 인간의 범죄는 어떤 연관관계 가운데서 설명될 수 있을까요? [83]

창 45:5,8; 50:20; 삼상 2:25; 행 2:23 말씀이 증거하고 있듯이 하나님의 작정에는 심지어 인간의 죄악까지도 포함됩니다. 하지만 우리는 이점에 있어서 두 가지를 항상 기억해야 합니다.

① 하나님의 작정은 하나님을 죄의 조성자로 만드는 듯 보인다. 그러나 죄에 대한 책임(죄책)이 하나님께 있는 것이 아니다*.

② 하나님의 작정이 인간 자신이 저지른 죄에 대한 책임을 상쇄하지 않는다.

---

* "하나님의 작정이란, 그의 뜻의 경륜에 속한 지혜롭고 자유로우며 거룩한 행위"라고 했듯이, 죄의 원인에 관한 문제는 하나님의 지혜롭고 자유로운 작정을 방해하지 않으며, 하나님의 거룩한 행위를 깨트리지 않는다.

● 다음 물음에 대해 옳다고 생각되는 답변에 ✔표를 해보시기 바랍니다.

■ 하나님께서 작정하신 것 외에 다른 어떤 일이 생길 수 있는가?

예 / 아니오

■ 하나님께서 영원 전부터 목적하신 것 외에 지금 다른 목적이나 작정을 하시는가?

예 / 아니오

■ 피조물 안에서의 변화가 하나님의 목적 안에서 변화를 일으키는가?

예 / 아니오

■ 그런 피조물 안에 있는 변화로부터 하나님의 목적의 변화가 계속 지속되는가?

예 / 아니오

■ 하나님의 영광에 이바지하지 않는 무언가가 일어날 수 있는가?

예 / 아니오

■ 하나님께서 그 자신의 영광을 위하여서 만물을 미리 정하셨는가?

예 / 아니오

■ 하나님의 목적을 위해서 하나님에 의해 의도되지 않은 무언가가 또 있는가?

예 / 아니오

■ 하나님 자신의 의지가 아닌 어떤 것에 의해서 작정을 변경시킬 수 있었는가?

예 / 아니오

■ 하나님께서 하나님의 의지의 의논에 따라서만 유일하게 작정 하셨는가?

예 / 아니오

● **복습:** 하나님의 작정이란 무엇인가?

: 하나님의 작정이란, (   )의 경륜에 속한 지혜롭고 자유로우며 거룩한 행위로서, 이에 의해 그는 (   )에 자신의 (   ) 조만간 앞으로 일어날 모든 것, 특히 천사와 인간에 대한 것을 (   ) 미리 정하셨다.

제13문

하나님께서 천사와 인간에 대하여 특별히 무엇을 예정하셨는가?

하나님은 그의 순전한 사랑으로 그의 **영광스러운 은총을 찬양**하도록 때가 되면 분명히 나타날 영원하고 불변한 작정에 의해 **천사의 일부**를 영광으로 선택하시고,

또한 그리스도 안에서 **사람의 일부**를 영원한 생명으로, 그리고 그 방편도 선택하셨다.

한편 그는 그의 주권적 능력과 그 자신의 뜻 (이에 의해 그가 기뻐하시는 대로 은총을 베풀기도 거두기도 하신다)의 경륜에 따라 **나머지를 지나쳐**, 그의 공의의 영광을 찬양하도록 그들의 죄과를 가하여 불명예와 진노를 받도록 미리 정하셨다.

하나님의 작정에 있어서 중요한 것 가운데 하나는 '불변성'에 있습니다. 세상을 지으시기 전에 계획하신 하나님의 작정은 결코 변하지 않는다는 것입니다. 시 33:11 말씀에 이른 바와 같이 "여호와의 도모(plans)는 영영히 서고 그 심사(his heart)는 대대에 이르"는 것입니다. 하나님께서는 변하지 않으십니다. 사무엘상 15장에서 여호와 하나님께서는 분명 사울을 왕으로 세우신 것을 후회하셨다고 기록하고 있지만, 사울에 대한 '후회'란 사울의 불순종이 하나님 앞에

서 얼마나 실망스런 행동인지와 그로 말미암아 이스라엘에 임할 고통과 실패가 얼마나 근심스런 것인지를 표현하는 의인화(擬人化)된 표현이었습니다.

※ 소교리문답 4문과 대교리문답 7문에서 살펴본 바와 같이 하나님의 불변하시는 속성을 바탕으로 우리들은 그의 작정의 불변성 또한 이해할 수 있는 것입니다.

■ 딤전 5:21에서 택하심을 받은 자로 누구를 언급합니까? [84)]

■ 벧후 2:4로 보건데, 천사의 선택은 동시에 무엇을 포함합니까? [85)]

대교리문답에 따르면 하나님께서 천사의 일부를 영광으로 선택하신 첫 번째 이유는 "그의 순전한 사랑"입니다. 하나님께서는 어떤 천사라도 선택해야만 하는 책임이나 의무가 전혀 없으십니다. 그러나 하나님의 사랑에 기인하여 천사들의 일부를 자비롭게 선택하신 것입니다.

한편, 하나님의 사랑의 선택에는 동시에 '유기'(遺棄)를 전제하고 있습니다. 벧후 2:4의 범죄한 천사들이 바로 그러한 자들입니다. 그런데 인간의 타락에 대해서 성경은 뱀의 유혹에 의한 것으로 분명하게 언급하고 있지만, 천사의 타락에 대해서는 구체적으로 언급하지 않으므로 우리들은 천사의 타락에 관하여 구체적인 것을 알 수는 없습니다.*

■ (대교리문답에서) 하나님께서 천사의 일부를 영광으로 선택하신 이유는 무엇입니까? 86)

엡 1:4 말씀에 따르면 우리를 택하심은 "사랑 안에서" 된 것입니다. 또한 엡 1:6 말씀은 우리를 택하신 것은 "그의 은혜의 영광을 찬미하게 하려는 것"이라고 했습니다. 이로 보건데 하나님의 택하심은 대교리문답에 이른 바와 같이 "그의 순전한 사랑으로 그의 영광스러운 은총을 찬양하도록" 하심이며, 바로 그러한 원인과 목적 안에서 천사들과 사람들이 선택된 것을 알 수 있습니다.

■ 벧전 1:2은 무엇을 따라 택하심이라 했습니까? 87)

---

* 존 칼빈은 이와 관련해 언급하기를 "하나님의 말씀(성경) 안에서 우리에게 전해 내려온 것 이외에 다른 것을 말하거나 생각하고 알고자 욕망하지 않아야 한다"고 말했습니다.

■ 벧전 1:2에서 택하심을 받은 자들은 누구의 피 뿌림을 얻기 위함이었습니까? [88)]

■ "그리스도의 피 뿌림을 얻기 위하여"란 결국 누구 안에서의 선택을 말함입니까(엡 1:4 참조)? [89)]

성도의 선택은 "그리스도 안에서" 된 것입니다. 즉, 예수 그리스도의 속죄사역을 통해 죄에서 구속하시고, 그리스도의 의로 옷 입히신 것입니다. 그런데 엡 1:4 말씀은 그러한 선택의 작정에 대하여 이르기를 "창세(創世) 전에"라고 말하고 있습니다. 그러므로 구약의 사람들이나 신약의 사람들이나 공히 그리스도의 속죄사역을 통해 구속되도록 예정된 것으로, 구약시대에는 사람이 율법을 지켜 행한 의로 말미암아 구원에 이를 수 있었던 것이 아니라 처음부터 구원에 이를 자는 오직 예수 그리스도의 속죄사역으로 말미암아서 구원에 이르도록 예정하신 것입니다.

이처럼 인간의 경우 하나님께서는 그들을 "그리스도 안에서" 영원한 생명으로 선택하셨지만, 천사의 경우는 처음부터 영광으로 선택하시어 죄에 빠져 타락하지 않도록 도우셨다는 점에서 예정에 있어 약간의 차이가 있습니다.

■ 그렇다면, 하나님께서는 선택하신 자들의 영생을 얻는 방편까지도 예정하셨을까요? [90]

하나님께서 어떤 사람이 영생을 얻도록 예정하셨다는 것은 그 사람이 실패 없이 영생을 확실히 얻을 수 있도록 복음을 들을 것이며, 죄를 회개하고 주 예수 그리스도를 믿게 되도록 선택하셨다는 말입니다. 구약성경에서는 예수 그리스도의 대속이 직접적으로 언급되지 않았지만, 이미 창세 전에 예정 가운데서 사람들을 택하셨을 때에 그 방편까지도 예정하셨기 때문에 구약의 사람들도 동일하고 불변한 예수 그리스도의 대속을 방편으로 하여 구원에 이르도록 하셨던 것입니다.

■ 유 4 말씀은 "예수 그리스도를 부인하는 자"를 어떤 자라고 했습니까? [91]

■ 롬 9:17-18, 21-22; 마 11:25-26; 딤후 2:20; 벧전 2:8로 볼 때, 성도의 선택은 동시에 무엇을 전제하는 것입니까? [92]

■ 롬 9:18 말씀으로 보건데 하나님께서 어떤 사람들을 유기(遺棄)하시는 이유는 무엇입니까? 93)

■ 그러한 하나님의 유기는 부당한 것입니까? 94)

■ 이어지는 롬 9:19-23 말씀은 이에 대해 어떻게 말합니까? 95)

성경은 하나님의 '유기'를 하나님의 주권(主權)에 속한 일이라고 말합니다. 그 말은 사람의 업적이나 생활 혹은 인격 등 어떠한 것도 근거한 것이 아니라는 말입니다. 우리들에게는 분명하게 알려지지 않았지만, 하나님께서 그들을 버려두시는 이유는 전적으로 하나님의 주권적이며 비밀한 뜻에 기인하는 것입니다.

■ 벧전 2:8에서 넘어지는 자는 무엇 때문에 넘어진다 했습니까? ⁹⁶⁾

벧전 2:6-8 말씀을 보면 "믿지 아니하는 자에게는 건축자들의 버린 그 돌이 모퉁이의 머릿돌이 되고 또한 부딪히는 돌과 거치는 반석이 되었다"고 했습니다. 그리고 믿지 아니하는 자가 넘어지는 것은 저희가 말씀을 순종치 않기 때문이라고도 했습니다. 즉, 저희가 넘어지는 원인이 일차적으로 순종치 아니하는 그들에게 돌려지고 있습니다. 한마디로 하나님께서 주권적으로 버려두시는 사람들의 경우, 그들이 불명예와 진노를 받는 이유는 그들 자신의 죄 때문인 것입니다. 그러나 동시에 그 진정한 원인에 대해서 이르기를 "이는 저희를 이렇게 정하신 것이라"고 하였습니다. 따라서 이들을 영벌에 처하시기로 미리 정하신 하나님의 예정은 단순히 하나님의 주권에만 기초한 것이 아니라 하나님의 완전하고 의로우신 속성에 기초한 것입니다. 만일 그러한 하나님의 속성을 믿지 못하며 받아들이지 않는다면, 이러한 이중예정(선택과 유기)은 결코 이해할 수 없는 것입니다.

● **복습:** 하나님께서 천사와 인간에 대하여 특별히 무엇을 예정 하셨는가?

    : (   )은 그의 순전한 사랑으로 그의 (   ) 은총을 (   ) 때
가 되면 분명히 나타날 영원하고 불변한 작정에 의해 (   )를 영광
으로 (   ), 또한 그리스도 안에서 (   )를 영원한 생명으로, 그
리고 그 (   )도 (   )하셨다. 한편 그는 그의 주권적 능력과 그 자
신의 뜻의 경륜에 따라 (   ), 그의 공의의 영광을 찬양하도록
그들의 죄과를 가하여 (   )와 (   )를 받도록 미리 정하셨다.

제14문

하나님은 그의 작정을 어떻게 실행하시는가?

하나님은 그의 **무오한 예지**와 **그 자신의 뜻**의 자유롭고 불변하는 경륜에 따라 **창조와 섭리** 사역으로 실행하신다.

현대의 기독교 안에서는 하나님의 작정에 관한 지식 자체가 생소할 뿐 아니라, 심지어 전도나 선교에 방해가 된다는 이유(하나님의 사랑을 편협한 것으로 제안하는 것이 '예정'이라고 주장)로 하나님의 유기를 포함한 선택의 교리 자체를 부정하는 경우들도 찾아볼 수 있습니다.

그러나 대교리문답 제13문까지의 내용은 기본적으로 창조 이전의 내용들로서 특별계시로서의 성경을 통해 사람이 하나님에 대해 어떻게 믿어야 하는지, 즉 하나님께서 어떤 분이신지에 대해 이해하는 교리문답입니다. 그러므로 우리들은 선택과 유기의 이중예정에 대해서와 그 실행(작정의 실행)에 대해 기본적으로 하나님께서 어떤 분이신지(삼위일체 하나님의 영원성, 무한성, 전능성 등)에 대한 이해를 전제로 할 때에 비로소 바른 대답을 할 수가 있는 것입니다.

■ 영생에 이르도록 작정된 사람은 더 이상 아무런 노력이나 수고가 없이도 영생에 이르게 된다는 말입니까? [97]

■ 그렇다면 그 이유는 무엇이겠습니까? [98]

만일 어떤 이가 진실하고도 진지하게 그리스도를 믿고 구원받기 원하는 마음이 간절하다고 한다면, 그 자체가 하나님께서 그를 영생에 이르도록 선택하셨다는 좋은 표시일 것입니다. 반대로 하나님의 예정을 핑계로 방종하거나 아예 구원의 소망을 갖지 않는 사람이 있다고 한다면, 그 자체가 하나님께서 그를 유기(遺棄)하신 표시일 것입니다.

하나님의 예정은 그 결과만이 아니라 그 방편까지도 모두 포함하는 것이기 때문에, 하나님의 택함을 입은 사람은 반드시 복음을 필요로 하며, 복음을 듣고, 복음에 따른 예수 그리스도의 구속으로 말미암는 구원의 믿음을 갖게 마련인 것입니다. 얼핏 생각하기에는 하나님의 예정이 사람을 방종이나 포기로 이끌 수 있을 것 같지만, 실제로는 결코 그럴 수 없는 것입니다. 오히려 하나님의 선택이 있기 때문에 인간은 자발적으로 복음을 듣기도 하고, 경건의 열심을 내기도 하는 것입니다.

예수 그리스도의 '구속'은 아담의 '타락' 때문이었을까?

'예정'에 있어서 아담의 '타락'을 고려해서 예수 그리스도의 구속에 의한 '선택'을 예비하셨느냐, 그렇지 않으냐의 문제가 아주 중요하다. 만일 하나님께서 아담의 타락을 고려해서 예수 그리스도의 구속을 예비하신 것이라면, 어떤 식으로든 인간이 하나님의 선택과 작정에 관여되었다고 보아야만 하기 때문이다. 그러나 하나님의 작정은 창세 전에, 즉 아담이 있기 전에 이뤄진 것이고, 창세 후 아담의 상태는 죄를 지을 수도, 짓지 않을 수도 있는 진정한 의미의 자유의지의 상태 가운데 있었기 때문에 창세 전에 아담의 타락을 고려한다는 것은 불가능하다.

더구나 아담의 범죄로 말미암아 비로소 예수 그리스도의 구속이 결정된 것이라면 그것은 작정의 불변함에 대한 치명적 모순일 것이다.

하지만, 하나님의 작정은 철저히 삼위일체 하나님 사이의 의논에 의해 이뤄진 것인데, 여기에서 우리들은 삼위일체 하나님에 대한 이해가 왜 중요한가를 생각해 볼 수 있다. 예수 그리스도께서는 성령님과 더불어 영원하신 하나님이시기 때문에, 창세 전 작정에 있어서도 삼위 하나님의 의논 가운데서 구속의 사역을 예비하실 수 있는 것이다. 또한 그런 점에서 하나님의 영원한 작정은 불변하는 것이다.

※ 대교리문답 제6~90문까지의 모든 문답들은, 삼위일체 하나님에 대한 지식을 바탕으로 하고 있다. 그 가운데서 제14문에서 말하는 창조와 섭리로서의 작정의 두 국면은 각각 제15-17문, 제18-20문에서 다루고 있다.

■ 롬 9:11에 따르면 에서(큰 자)가 야곱(작은 자)을 섬기리라는 것은 언제 작정된 것입니까? [99)]

■ 롬 9:14은 그러한 하나님의 작정에 대해 어떻게 말합니까? [100)]

롬 9:11-13 말씀에서 하나님의 무오한 예지는 야곱과 에서에 대한 예지, 곧 야곱과 에서가 자연적인 출생의 서열을 거스를 만한 그들의 행위에 대한 예지가 아니라 "택하심을 따라 되는 하나님의 뜻이 행위로 말미암지 않고 오직 부르시는 이로 말미암아 서게"되리라는 것에 대한 예지임을 언급하고 있습니다. 한마디로 하나님께서는 자신이 그처럼 작정하실 것을 아심 가운데서 작정하시는 것으로, 하나님의 무오한 속성에 근거하여서 하나님의 작정 또한 무오한 것임을 알 수 있는 것입니다. 이처럼 삼위일체로서의 하나님의 신비하고도 절대적인 속성들을 올바르게 이해하는 것은 대교리문답 제90문까지를 이해하는 근거와 바탕을 이룹니다.

■ 결국 야곱과 에서에 대한 무오한 예지는 그들이 그처럼 될 것에 대한 예지를 말하는 것입니까, 아니면 하나님 자신이 그처럼 작정하실 것에 대한 예지를 말하는 것입니까? [101)]

■ 엡 1:11은 예정에 대해 어떻게 말합니까? [102)

■ 엡 1:12에서 예정은 어떤 것을 목적으로 한다고 했습니까? [103)

■ 하나님의 작정(혹은 예정)은 하나님 자신 이외의 어떤 조건이나 영향 등으로 인한 것입니까, 아니면 그러한 것들의 영향이 전혀 없는 자유로운 것입니까? [104)

■ 하나님의 작정(혹은 예정)은 피조물들로 인한 변수에 따라서 변동될 수 있는 것입니까, 아니면 변동될 수 없는 것입니까? [105)

하나님의 뜻의 경륜(시행)이 "자유롭다"는 것은 동시에 하나님의 뜻의 경륜이 "불변하다"는 것입니다. 이는 상호적인 것으로서 만일에 하나님의 뜻의 경륜이 자유롭지 못하다고 한다면, 피조물이나 창조세계의 변수에 따라 얼마든지 변경될 수 있을 것입니다. 그렇지만 하나님의 작정과 그의 뜻의 경륜은 피조물을 포함한 창조세계에 종속적인 것이 아니라 자유롭기 때문에 결코 변하지 않는 불변의 경륜에 따라 창조와 섭리의 사역으로 확실히 실현되는 것입니다. 한마디로 하나님의 뜻의 경륜이 자유롭다는 것은 자유롭게 변경될 수 있다는 의미가 아니라 창조세계에 종속되지 않는 의미에서 자유롭다는 것으로, 창조세계의 돌발적인 변수에 따라 변화되지 않는 불변의 경륜 가운데서 실행된다는 의미입니다.

● **복습:** 하나님은 그의 작정을 어떻게 실행하시는가?

: 하나님은 그의 (   )와 (   )의 (   )에 따라 (   )사역으로 실행하신다.

쉽게 배워야만 하는가?

현대의 신앙교육에 있어 필수적으로 고려할 점이 있는데, 그 대표적인 것이 바로 청자(audience) 혹은 독자(a reader)들에 대한 고려이다. 즉 듣는 자나 읽는 자가 쉽게 이해할 수 있도록 해야만 한다는 점이다. 이러한 양상은 일차적으로 교육의 방향이 피학습자를 지향하고 있는 점에서 긍정적으로 평가될 수 있을 것인데, 성경의 계시(revelation) 또한 인간을 향한 '적응'(accommodation)으로서 이뤄진 것이라는 점에서 더욱 그러하다. 하지만 우리가 적응계시로서의 성경의 특성을 이해함에 있어서 결코 간과하지 말아야 할 것이 있는데, 그것은 성경의 적응성은 적응의 대상이 되는 인간과 같은 불완전성을 지니는 것이 아니라는 사실이다. 간단히 말하자면 성경계시가 인간을 고려한 적응계시라고 할 때에, 그것은 인간의 부패와 타락의 속성을 고스란히 반영하는 의미의 적응성을 지니는 것이 아니라는 말이다.

사실 우리가 가지고 있는 거의 대부분의 성경 본문들은 원본이 아니라 공인본문(Textus Receptus)에 대한 번역본들이다. 그러므로 논리상으로 보자면 모든 성경들이 번역상의 오류나 문체상의 오류 혹은 상이점(dissimilitude)을 지닐 수밖에 없다. 따라서 성서비평(Biblical criticism)이라는 것이 보편화 한 현대신학에서는, 가히 신학자들과 심지어 인문학자들에 의해서까지 성경본문이 사사로이 번역되고 해석되는 실정이다. 그러나 놀랍게도 사본들과 성경 원어를 바탕으로 광범위한 비평이 수 백 년 동안 이루어졌음에도 불구하고, 공인본문을 대체하거나 능가하는 사본, 혹은 번역본을 산출하지 못하는 것 또한 성서비평을 바탕으로 한 현대신학의 엄연한 한계점이다. 이처럼 현대적인 신학에서는 기본적으로 성경은 본문(text)일 뿐이기 때문에 사본들과 언어문법 등에 따라 얼마든지, 그리고 자유로이 분해하고 재조합 할 수 있다. 심지어 그러한 비평적 작업에서 나지 않는 결론은 성경 외의 문화·역사, 그리고 인간 저자의 배경이 반영되어 도출될 수 있는데, 그 최종적인 결말로서 "과연 본문 자체에 의미가 있는가?"라고 하는 해석학적 질문과 결론에까지 이르렀다. 따라서 본문 자체가 완전한가? 하는 문제는 중요한 것이 아니며, 오히려 그 본문이 현재에 어떤 의미를 주는 것인가가 더욱 중요하다.

그러나 참으로 개혁된(reformed) 신학에서는, 성경의 완전성을 계시하신 분의 완전성 가운데서 이해한다. 즉 성경이 하나님께서 주신 계시이기에, 그런 하나님의 완전성을 반영한 채로 우리에게 적응되어 주어졌다고 보는 것이다. 그러므로 "성경은 그 자체의 주석이다"(scripturam sui ipsius esse commentarium)라는 성경 자체의 가신성을 따라서 성경이 하나님의 말씀을 어떻게 설명하는가? 하는 이해의 자세가 아니라, 하나님께서 지금도 여전히 일방적으로 계시(소위 '직통계시'로 오해하지 말 것)하신다는 자세로 성령의 조명을 구하는 것이다. 바로 그 점에 있어서 신자들이나 학자(신학자)들이 동일한 것이다. 바로 이 같은 관점에서 볼 때에, 성경은 교재(textbook or teaching material)가 아니다. 성경은 여전히 하나님의 말씀에 관해 기록한 번역본이 아니라, 지금도 동일하게 말씀하시는 하나님의 말씀이다. 그런 하나님의 말씀이 각 나라의 언어로 적응되어 번역됐을지라도, 그것은 결코 하나님의 말씀에 관해 번역된 본문이 아니라 하나님의 말씀 자체이다. 구약이든 신약이든, 하나님의 말씀은 항상 "들으라!"는 것으로 기록되어 있다. 신명기6:4절 말씀에서나, 막 4:3절에서나, 성경은 들으라고 말하고 있는 것이다. 그러므로 우리가 성경을 읽을 때에, 목회자로서나 신학자로서만이 아니라 하나님의 백성(Christian)으로서 성경을 읽을 때에, 사실상 우리들은 배우는 것이 아니라 들어야만 한다. 신학적 소견으로 이해하고 풀어내는 것은 차후의 일이고, 가장 먼저, 그리고 가장 본질적으로 성경을 대하는 자세는 영혼의 귀를 열고서 하나님의 말씀으로 들어야 하는 것이다. (중략)

4
창조
(Creation)

'창조'란, 하나님의 작정에 따른 필연적인 결과라 할 것입니다. 하나님께서 작정하셨다면 반드시 그 작정하신 것들이 그대로 실현될 것인데, 창조란 바로 그러한 작정의 실현으로서 이뤄진 것입니다.

아울러 창조의 구체적인 내용이나 방법 등은 작정하신 하나님의 목적을 그대로 반영하여 이뤄진 것인데, 특별히 창조는 눈에 드러나는 가시적인 존재들뿐 아니라 눈으로 볼 수 없는 영적인 존재들까지 포함하는 것으로 대교리문답은 언급하고 있습니다. 뿐만 아니라 창조에 있어서 모든 것들은 그 시작과 끝이 있는 유한한 것임을 전제하는데, 그 시작이나 끝이 없으신 하나님과 달리 모든 피조물들은 그 시작과 함께 끝이 있도록 창조되었습니다, 바로 그러한 모든 사실들을 하나님의 계시인 성경에 의해 정리해 볼 수가 있는 것입니다.

그런데 창조에 있어 중점을 두어 문답하는 내용은 영적인 피조물과 인간의 창조입니다. 하나님께서는 '천사'라는 영적인 피조물을 창조하시어 하나님의 작정을 성취하도록 하셨으며, 또한 사람을 창조하시되 하나님의 형상(imago Dei)으로서 창조하셨음을 대교리문답은 밝히고 있습니다. 그러므로 하나님의 피조물로서의 사람이 하나님을 영화롭게 하며 영원토록 즐거워하는 것은 하나님의 형상을 따라 지어진 사람의 근본적이고도 본질적인 목적인 것인데, 이를 거스르며 거역하여 타락하는 것이 얼마나 비정상적이며 불경한 것인지를 단적으로 알 수가 있습니다. 아울러 천사들과 사람을 타락할 수 있는 존재로 지으신 것은, 이를 통해 이루시는 하나님의 작정의 깊은 신비를 전제하는 비밀한 하나님의 경륜을 반영하는 것이기도 합니다.

논리적으로 천사들과 사람들을 타락할 수 있는 존재로 지으셨다는 것에는 피조물들의 자유의지에 따른 하나님의 신적인 작정과 창조 사역의 의도의 변형을 수반하기 마련이며, 또한 타락의 허용에 따른 책임이 하나님께 전가될 여지가 있는 것으로 여길 근거가 성립하게 되는 것입니다. 그러므로 우리들이 앞서 하나님의 신적인 작정을 이해할 때에, 그것이 피조물과 창조세계의 어떠한 요인들도 고려함이 없이 순수하게 하나님의 뜻과 의지에 따른 것임을 이해하는 것이 중요합니다. 만일에 그러한 이해가 불완전하다면, 피조물들인 천사와 인간의 타락으로 인한 하나님의 작정에 있어서 피조물들의 타락을 고려함이 전제되어야 할 것입니다. 또한 그러한 이해가 결여되는 경우에는 하나님의 신적인 작정 자체가 변동되어, 하나님의 완전하신 속성조차도 불완전하게 되는 주장이 제기될 수밖에 없게 될 것입니다. 그러므로 창조에 있어서의 올바른 이해를 위해서는, 철저히 하나님의 신적인 작정에 대한 올바른 이해가 전제되어야 하는 것이지요.

제15문

창조의 사역이란 무엇인가?

창조의 사역이란, 하나님께서 태초에 그의 능력의 말씀으로 **6일의 기간** 안에 모두 매우 좋게 **그 자신을 위하여** 세계와 그 안에 있는 모든 것을 **무로부터** 만드셨던 것이다.

성경은 하나님의 창조로 곧장 시작됩니다. 즉, 하나님의 작정과 예정에 따라서 창조가 있게 된 것이지만, 성경의 기록 자체는 창조로부터 시작됩니다. 그런 점에서 창조에 대한 바른 이해는 하나님의 작정과 예정에 대한 바른 이해에 근거하는 것입니다.

■ 창 1:1의 "태초에"(in the beginning)라는 말씀은 어떤 의미일지 함께 생각을 나눠봅시다.

■ 히 11:3 말씀은 "모든 세계가" 무엇으로 지어졌다고 했습니까? [106]

빅뱅(Big Bang)

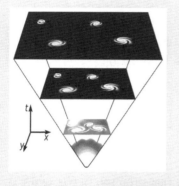

빅뱅(Big Bang) 또는 대폭발이론은 천문학 또는 물리학에서, 우주의 처음을 설명하는 우주론 모형으로, 매우 높은 에너지를 가진 작은 물질과 공간이 약 150억 년 전의 거대한 폭발을 통해 우주가 되었다고 보는 이론이다. 이 이론에 따르면, 폭발에 앞서, 오늘날 우주에 존재하는 모든 물질과 에너지는 작은 점에 갇혀 있었다. 우주시간 0초의 폭발 순간에 그 작은 점으로부터 물질과 에너지가 폭발하여 서로에게서 멀어지기 시작했다.

이 이론은 우주가 팽창하고 있다는 에드윈 허블의 관측을 근거로 하고 있다. 또한 그는 은하의 이동 속도가 지구와의 거리에 비례한다는 사실도 알아냈다. 이는 은하가 지구에서 멀리 떨어져 있을수록 빠르게 멀어지고 있음을 의미한다.

프레드 호일은 빅뱅 이라는 단어를 1949년 어느 라디오 방송에서 처음 언급했다. 호일은 나중에, 가벼운 원소로부터 무거운 원소가 형성되는 항성 핵합성 과정을 이해하기 위해 연구에 매진했다. 1964년 우주 배경 복사를 발견하고, 그것의 스펙트럼(각 파장으로부터 계산된 복사량)으로부터 흑체 곡선을 그려낸 후, 이 증거를 들어 대부분의 과학자들은 과거 빅뱅 시나리오가 발생한 것이 확실하다고 믿게 되었다. 빅뱅 우주론에 따르면 우주의 역사 즉, 최초의 대폭발로부터 현재까지 경과한 시간은 약 백억 년 내지 백오십억 년이라고 한다.

■ 창 1장에서 세상의 창조는 몇 일만에 완성되었습니까? [107]

■ 여러분의 자녀들이나 주변의 사람들은 '빅뱅이론'이나 '진화론'에 대해 어떻게 알고 있는가요?

■ 자녀들에게 '빅뱅이론'이나 '진화론'에 대해 말한다면, 어떻게 설명하시겠습니까?

성경은 우주가 영원하지 않았음을 말하고 있습니다. 즉, 우주와 만물이 원래부터 있었던 것이 아닌 것입니다. 시간과 함께 우주가 있었으며, 시간이 있기 전에 유일한 존재는 하나님 뿐 이었습니다.

그러므로 우주의 만물들은 그것이 아무리 커 보여도 다 유한하지만, 그에 반해서 하나님은 무한하십니다.

창조에 있어서의 모든 가능성(창조 가능성)과 이해는 오직 하나님 안에서만 발견됩니다. 그런 만큼 우주만물은 언제나 하나님께 의존적입니다. 하나님을 떠나 존재할 수 있는 것은 세상에 아무 것도 없습니다. 하나님을 인정하지 않는 무신론적인 주장들이 가까이에 있고. 하나님에 대하여 인간이 깨달을 수 없다고 해서 사람이 하나님을 떠

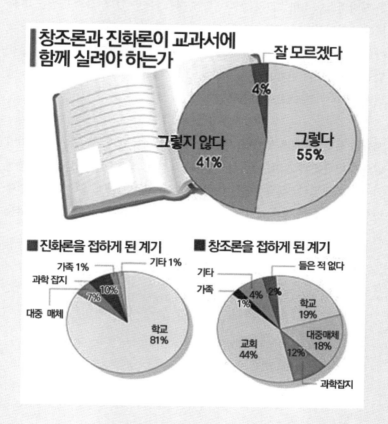

창조론과 진화론이 교과서에 함께 실려야 하는가

- 잘 모르겠다 4%
- 그렇지 않다 41%
- 그렇다 55%

■ 진화론을 접하게 된 계기
- 가족 1%
- 기타 1%
- 과학 잡지 7%
- 대중 매체 10%
- 학교 81%

■ 창조론을 접하게 된 계기
- 기타 4%
- 가족 1%
- 들은 적 없다 2%
- 학교 19%
- 대중매체 18%
- 과학잡지 12%
- 교회 44%

기원전 6세기 무렵 고대 그리스의 철학자 아낙시만드로스는 모든 생물이 최초 공통 조상에서 출발해 종 변화를 거쳐 서로 다른 생물이 되었다는 진화의 개념을 제기했다. 이와 같은 사고를 지지한 학자로는 그리스의 엠페도클레스 고대 로마의 루크레티우스, 그리고 아랍 생물학자인 알 자히즈, 초기 이슬람 철학자인 이븐 미스카와이, 이콴 알 사파, 중국의 철학자 장자 등이 있다.

특별히 18세기경에 생물학에 대한 이해가 깊어지면서 1745년 피에르 루이 모페르튀가 진화론을 다시 과학의 범주로 끌어들였고, 1796년 에라스무스 다윈이 재차 진화론을 주창했다. 사실, 당대에 가장 큰 영향을 준 진화 이론은 장바티스트 라마르크의 종의 변화에 대한 이론이었다. 찰스 다윈은 1838년부터 자연선택에 대한 자신의 이론을 체계화하기 시작했다. 1858년 찰스 다윈은 런던 린네 협회의 알프레드 러셀 월리스와 공동으로 몇 개의 논문을 발표하여 자신의 진화 이론을 세상에 공표하였고, 1859년에 비로소 찰스 다윈의 《종의 기원》초판이 출판됐다.

오늘날 진화생물학은 생화학, 유전학, 생태학, 계통학과 같이 초창기에 이미 깊숙한 연관을 맺고 있던 학문뿐 아니라 심리학, 의학, 철학, 컴퓨터 과학에까지 이르고 있다. 21세기에 들어서 진행되고 있는 진화 생물학 연구는 현대 진화 이론을 보다 넓게 확장시켜 '선택 단위', '진화도'와 같은 새로운 개념들과 '후생진화생물학'과 같은 새로운 학문 분야를 만들어 내고 있다.

나 스스로 존재할 수 있는 것이 아닙니다. 오히려 정 반대로, 그러한 사람들도 하나님의 창조 가운데서 존재할 뿐입니다.

■ 대교리문답 제15문의 "모두 매우 좋게 그 자신을 위하여"라는 표현으로 볼 때 태초의 피조세계가 "보시기에 심히 좋았"던 것은 어디에 원인이 있겠습니까? 108)

■ 창 1:31의 "보시기에 심히 좋았"던 세계는 지금과 동일한 세계였습니까? 109)

하나님께서는 만물을 하나님 자신을 위하여 지으셨습니다. 즉 하나님 자신의 완전하심과 영광을 드러내시기 위해 지으셨던 것입니다. 또한, 하나님의 창조는 매우 좋았습니다. 창조 당시의 세계는 도덕적이며 물리적인 모든 악으로부터 단절된 세계였습니다. 그러나 그처럼 창조된 태초의 세계일 찌라도 그 자체로 완성된 성격은 아니었습니다. 오히려 당시의 세계는 시작으로서의 세계였습니다. 그러므로 피조세계의 궁극적인 완성은 창세가 아니라 종말과 재창조의 시기에 이루어지는 것입니다.

■ "모든 세계가 하나님의 말씀으로 지어"졌다는 것(히 11:3)은 세계를 지으신 흔적이 세상 가운데 남아있지 않다는 말입니까? [110)

히 11:3의 **"하나님의 말씀으로"**를 영어성경(NIV)에서는 "God's command"라고 했습니다. 즉, 하나님의 **'명령'**으로 세계가 지어졌다는 것입니다. 사람이 무엇을 만들 때는 항상 재료를 필요로 합니다. 하지만 하나님께서는 세상을 만드실 때 재료를 가지고서 만드신 것이 아닙니다. 아무런 수단이나 재료를 사용하지 않으시고 오직 명하심으로 세상을 지으신 것입니다. 아울러 그러한 하나님의 창조방식은 이후의 모든 창조에 대한 말씀을 받아들이는 중요한 전제(前提)가 됩니다.

■ 계 4:11에서 말하는 창조에 관한 내용은 무엇입니까? [111)

하나님께서 그의 작정과 예정을 실현하시는 과정으로서 창조가 있습니다. 그러므로 창조란 하나님의 작정 가운데서 그 원인을 이해할 수 있는 것이며, 또한 하나님의 속성 가운데서 창조의 성격과 목적 등에 대해 이해할 수가 있습니다.

● **복습:** 하나님은 그의 작정을 어떻게 실행하시는가?

: 하나님은 그의 (　　　　)와 (　　　　)의 (　　　　　)에 따라 (　　　　)사역으로 실행하신다.

● **복습:** 창조의 사역이란 무엇인가?

: 창조의 사역이란, 하나님께서 (　　　　　) 그의 (　　　　　)으로 (　　　　) 기간 안에 모두 매우 좋게 (　　　　) 세계와 그 안에 있는 모든 것을 (　　　　　) 만드셨던 것이다.

'창조'의 목적은, '구원'에만 있지 않다 - I

중세시대를 거치면서 로마가톨릭은 기독교 신앙을 성경과 분리하여 이뤄지는 행위 공로의 종교로 변질시켜 놓았다. 그러나 종교개혁으로 말미암아 원래의 기독교를 계승하여 형성된 개신교회는, 행위 공로를 중심으로 하는 종교로서의 기독교를 다시 성경과 그에 근거하는 통상적인(ordinary) 믿음의 신앙으로 돌려놓았다. 하지만 성경의 진리를 어떻게 해서든 매장시키려는 사단의 획책은 개신교 진영 안에 비 진리의 사상들을 퍼뜨림으로서 다시 성경의 진리가 함몰되도록 했는데, 대표적으로 '재세례주의'(Anababtism) 및 '정적주의'(Quietism)자들의 등장 가운데서 성경의 진리는 또 다시 쉽게 이해하거나 분간하기 어려운 신비적인 것으로 여겨지게 되어 버렸다. 그러므로 종교개혁의 역사를 살피는데 있어서는 로마가톨릭에 대한 반대와 더불어, 성경을 사사로이 풀어 오류에 빠짐으로서 진리를 희석시켜 더욱 알 수 없는 것으로 만들어버리는 역할을 수행한 종교개혁 진영 내의 오류들을 정확히 견제하는 안목이 또한 요구된다.

일반적으로 로마가톨릭과 구별되는 개신교회의 신앙의 특성은 '오직 성경'(sola scriptura)의 원리에 따라 분류될 수가 있다. 즉, 오직 성경의 진리를 표준으로 하는 개신교 신앙과 성경 외에 로마가톨릭교회(성경 외의 전통들을 중심으로 하는)를 원천으로 하는 종교로서의 차이를 확연히 구별할 수 있는 것이다. 하지만 로마가톨릭 외에 재세례주의나 정적주의 등 종교개혁 진영 내의 오류들 가운데서 형성된 이단적인 분파들과 구별되는 개신교회의 신앙의 특성을 파악하기 위해서는 오직 성경의 원리 외에도 '전체 성경'(Tota Scriptura)의 원리에 대한 이해가 필요하다.

종교개혁을 올바르게 계승한 개신교 진영에서는 전체 성경의 원리에 따라 신·구약성경 전체의 맥락을 파악하고 따르는 신앙을 표방했다는 점에서 근본적인 차이를 보였다. 하지만 종교개혁 진영 안에서 성경 진리의 확실한 초점을 빗겨간 자들은 정적주의자들이나 재세례주의자들만이 아니었다. 오히려 오직 성경의 원리와 함께 전체 성경의 원리를 추구했던 개혁주의자들 가운데서도 차츰 미묘한 선에서 초점이 틀어지기 시작했으니, 아주 구별하기 어려운 주제인 '구속사'(redemptive history) 중심의 복음주의적 역사해석을 일관하는 '구속사학파'(History of God's Salvific Acts)를 들 수 있을 것이다. 신학과 철학에 있어서 계몽주의 시대라고도 함축할 수 있는 18세기 이후, 19세기 들어서면서 신학은 정통주의 신학에서 거의 완전하게 이탈해버렸는데, 그러한 이탈 가운데서 다시 신학의 건전성을 확립해보려는 시도로서 성경연구에 있어서 과학적-비평적 방법(historical-critical method)을 도입하여 역사에 대한 관심이 상당하게 고조된 적이 있었다. 그리고 그 결과로 비평학자들은 성경이 사실의 역사를 기록한 것이 아니라는 입장으로 정리됐다. 즉, 성경에 기록된 '구속역사'('Heilsgeschichte'라고도 칭한다.)와 실제 현실의 역사(history)를 분리해서 다루기 시작한 것이다.

지금도 상당수의 개신교의 신앙 가운데서는 기독론(christology)적인 구속(혹은 구원)사 중심의 신앙이 개신교 신앙의 핵심진리인 것으로 알려지고 있지만, 사실 개신교 역사 가운데서도 특별히 개혁신앙 혹은 정통주의 신앙의 핵심은 그것과는 분명한 심도의 차이를 지닌 것으로, 이미 17세기에 영국의 웨스트민스터 회의를 통해 도출된 『웨스트민스터 신앙고백(1647)』에서 확고하고도 분명하게 그 입장이 정리되어 공적으로 선포되었다. 그런데 웨스트민스터 신앙고백서에서 중보자 그리스도에 대한 고백은 제8장에서야 비로소 언급되며, 제7장에서 하나님의 언약이 다뤄질 뿐 아니라 심지어 창조 자체도 제4장에서 다뤄지는 내용으로서 그 이전에 제3장에서 하나님의 영원한 작정이 다뤄지고, 심지어 그조차도 제2장의 하나님과 삼위일체에 관한 고백 다음에야 다뤄져 있다. 그러므로 웨스트민스터 신앙고백을 통해 확고히 정립된 개혁신앙의 틀은 근본적으로 삼위일체 하나님을 아는 지식에 근거하며, 그러한 원천적 근거가 바로 제1장에서 다루는 성경에 대한 신앙에 있다. (중략)

제16문

하나님은 천사들을 어떻게 창조하셨는가?

하나님은 **모든 천사들**을 불멸하며 거룩하며 지식이 뛰어나며 능력이 강력하도록 창조하여, 그의 명령을 수행하며 그의 이름을 찬양하도록 하셨으나, **변화될 수 있는 존재**로 창조하셨다.

성경은 영적인 존재인 모든 천사들이 하나님에 의해 창조되었다고 말합니다. 만일 천사들 중에 누구라도 하나님에 의해 창조되지 않았다면 그러한 천사들은 가히 신(神)적일 수 있으며, 또한 하나님처럼 영원 전부터 존재할 수 있었을 것입니다. 그러나 성경은 사람과 함께 천사들 또한 하나님께서 창조하셨다고 말합니다.

■ 시 104:4; 히 1:7은 천사를 어떤 존재로 언급합니까? [112]

■ 마 22:30은 천사를 어떤 존재로 언급합니까? [113]

■ 천사와 관련하여서 롬 8:38-39은 어떻게 말합니까? [114]

우리가 여기서 '천사'에 대해 살펴보는 것은 성경이 천사에 대해 여러 차례 언급하고 있기 때문입니다. 성경은 분명 천사도 하나님의 피조물임을 밝히고 있습니다.

그러나 **천사들은 인간과 달리 육체를 지닌 피조물이 아닙니다.** 인간은 '육체'와 '영혼'이라는 두 구성 요소를 지닌 복합적인 존재로서 인간의 육체와 영혼은 단일 인격으로 신비하게 연합되어 있습니다. 하지만 천사는 육체가 없는 영물(靈物)입니다. 또한, 인간은 부활 이후에 비로소 온전한 불멸적 존재*가 되지만, 천사들은 처음부터 불멸적 존재로 지어졌습니다. 아담은 온전한 '자유의지'를 지녔어도 불멸의 존재는 아니었습니다(생명나무의 실과를 먹지 않은 상태). 즉, 아담은 타락이후의 후손들과 달리 선을 택할 수도 있는 자유의지를 지닌 존재였지만 우리와 마찬가지로 불멸의 상태에 있지는 않았습니다(타락하여 죽을 수 있는 상태).

---

* **사람의 영혼은** 육체와 달리 **창조 시에도 불멸의 것으로 지어졌습니다.** 만일 사람이 불멸의 영혼을 지니지 않았다면 불신자와 악인들이 지옥에서 영원한 형벌을 받지도 않을 것입니다. 그러나 **부활 시에는 비로소 완전한 영혼과 육신으로서의 '부활체'(영광의 상태)가 되는 것입니다.**

■ 삼하 14:17 말씀은 하나님의 사자(使者)인(행 12:7,8 참조) 천사의 지식이 어떠하다고 말합니까? [115)]

■ 마 24:36 말씀에서 천사의 지식의 한계는 무엇입니까? [116)]

천사들의 경우, '선'과 '악'을 분간함에 있어서 탁월함을 지녔습니다. 그러나 그러한 천사라고해도 하나님과 동일할 만큼 탁월한 지식을 지닌 것은 아닙니다. 그러므로 그들도 하나님 안에 감춰어진 지식에 대해서는 우리와 마찬가지로 전혀 알지 못합니다.

한편, 천사들에게는 조상이 없습니다. 인간과 같이 생육하고 번성하는 목적을 가진 존재가 아닌 것입니다. **불멸의 존재인 천사는 한 조상 아래 태어나지 않은 개인적 존재들인 것입니다.** 그러므로 그들은 인간과 같이 부자지간이나 부부간과 같은 관계적인 특성을 가지고 있지 않은 개별적 존재들입니다. 이에 반해 인류는 유기적인 단일성을 지니고 있습니다. 따라서 인류의 모든 구성원들은 상호 긴밀하게 연관되어 있으며, 모든 인간은 한 조상, 즉 아담의 후손들입니다. 그러므로 첫 사람 아담의 범죄는 모든 인류의 범죄 곧

'원죄'로서 유전되는데 반해, 천사들은 철저히 개별적으로 죄를 지는 것입니다.

■ 시 103:20에 나타난 천사의 기능은 무엇입니까? [117]

■ 히 1:14은 그러한 천사에 대해 어떻게 말하고 있습니까? [118]

성경은 천사의 탁월한 능력에 대해 언급하면서도 그러한 능력이 사람을 섬기도록 목적하신 것이라고 말합니다. 그러나 천사는 우리의 중보자가 아니며 우리가 어떤 부탁을 할 수 있는 대상 또한 아닙니다. 다만 하나님의 명령을 받들어 보이지 않게 하나님의 명령을 따라 우리를 섬기는 영일뿐입니다. 그러므로 성경 곳곳에서 천사가 등장하지만(출 25:18; 왕상 8:6,7; 행 5:19; 12:7 등), 하나님의 명령을 따라 일방적으로 등장할 뿐 우리와 교제관계 가운데 함께하는 것이 아닙니다.

■ 유 6에서 언급하는 천사는 어떤 부류의 천사입니까? [119]

■ 유 6과 벧후 2:4 말씀은 천사들이 어떠하다는 말입니까? [120]

로마 가톨릭에서는 '수호천사'의 신앙이 있습니다. 그런데 그것은 하나님께서 각각의 사람마다 수호천사를 파송하여 늘 동행하며 보호할 뿐 아니라 우리와 친구가 되게 하셨다는 내용입니다. 그러므로 그들은 바로 이 수호천사에게 하나님의 도움을 요청하는 기도를 하기도 하고, 하나님 앞에서 우리를 대변하는 일종의 중보적인 역할까지 한다고 주장합니다. 그러나 앞에서 이미 언급한 바와 같이 천사는 우리를 섬기도록 보냄을 받지만, 철저히 하나님의 명을 받들어 우리의 눈에 전혀 들어나지 않는 방식(영적 존재이기에)으로 우리를 돕는 것입니다.

궁극적으로 천사의 지식은 탁월하지만, 사람과 같은 육체는 처음부터 영원토록 지니지 않는 존재라는 점에서 사람과의 근본적인 구별이 있는 것입니다.

그러므로 천사들이나 사람이나 공히 그 창조된 목적은 하나님의 영광을 위함에 있으며, 바로 그 점에 있어서 천사는 자의로 생각하고 행하여 사람을 도울 수 있는 존재가 아니라 하나님의 영광을 위한 명령 가운데서 그 임무를 수행하도록 하나님께만 종속된 존재인 것이지요. 로마 가톨릭교회에서 주장하곤 하는 수호천사의 개념은 어쩌면 천사들이 인간을 위한 종속적인 존재인 것처럼 오해하거나, 반대로 인간이 그러한 천사들을 숭배함으로써 역으로 종속적이 되는 오류에 사로잡힐 수 있는데, 이미 중세시대에 로마 가톨릭교회의 체제 가운데서 천사숭배의 형태가 존재했었던 것도 바로 그러한 오류를 바탕으로 하는 것입니다. 천사들이나 사람이나 간에 모든 피조물들은 오직 하나님께 영광을 돌리는 존재로서 종속된 점에서, 그 어떤 다른 것들에도 의지하거나 종속되는 일이 없어야만 하는 것이지요.

● **복습:** 하나님은 천사들을 어떻게 창조하셨는가?

: 하나님은 모든 천사들을 (   )하며 (   )하며 (   )이 뛰어나며 (   )이 강력하도록 창조하여, 그의 (   )을 수행하며 그의 (   )하도록 하셨으나, (   )될 수 있는 존재로 창조하셨다.

제17문

하나님은 인간을 어떻게 창조하셨는가?

하나님께서 다른 모든 피조물들을 만드신 후에, 인간을 **남자**와 **여자**로 창조하셨는데, 남자의 육체는 땅의 흙으로 지었고, 여자는 남자의 갈비뼈로 만들었고, 그들에게 살아있고 합리적이며 불멸하는 **영혼**을 부여하고, 그들을 지식과 의로움과 거룩함에 있어서 그 자신의 형상대로 만들어 **하나님의 법**을 그들의 마음속에 기록하며 그것을 성취 할 수 있는 힘을 주어 피조물을 **다스리도록** 하셨으나, 타락할 수 있었다.

성경은 천사의 탁월한 능력을 언급하고 있지만 그러한 **천사라도 완전한 존재는 아니며 오히려, 변할 수 있는 존재, 타락할 수 있는 존재**로 언급하고 있습니다. 그러므로 부활 이후의 사람의 온전한 상태는 천사와 동일한 상태가 아닐 것입니다. 예수께서 부활 이후에 보여주신 바와 같이 **부활체로서의 인간은 영으로만 존재하는 상태가 아니라 육체로도 연합하여 존재하는 상태**입니다. 마 22:30 말씀에서 예수님께서는 "부활 때에는 장가도 아니가고 시집도 아니가고 하늘에 있는 천사들과 같으니라"고 말씀하셨지만, 그것은 우리들이 천사가 된다는 말씀이 아니라 천사와 같은 탁월한 영적능력 가운데 있게 됨을 말씀하신 것입니다. 이처럼 하나님께서는 오직 '영'으로서의 탁월함을 지닌 천사와 달리 사람을 '영'과 '육체'

의 존재로 창조하셨습니다.

■ 창 2:7 말씀은 아담의 육체가 무엇으로 지은바 되었다고 했습니까? [121]

■ 창 2:22에서 하와의 육체는 무엇을 취하여 만들었습니까? [122]

'진화론'에 따르면 인간은 최초의 단세포 생물체에서 시작하여 수십 억년을 거쳐 복잡한 다세포 동물로 진화한 결과라고 합니다. 그러나 **성경은 '아담'(사람)이 '흙'으로 지어졌으며, 단 시간에, 그것도 처음부터 사람으로 지은바 되었다고 말합니다.**

한편, 기독 신자들 가운데는 '창조'가 진화론과 조화를 이룬다고 주장하는 자들이 있습니다. 그들을 일컬어 '유신론적 진화론자'라고 하는데, 그들의 주장에 따르면 사람의 육체는 원숭이의 후손이었으나, 하나님께서 정하신 때에 인간의 영혼을 창조하셨고, 이 일이 이루어지자 인간은 실제적으로 하나님의 형상을 지닌 존재로 발전하기 시작했다고 말합니다. 즉, 사람의 육체는 '진화론'으로 설명하고 사람의 영혼은 '창조'로 설명하는 것입니다.

■ 창 2:7 말씀은 사람이 어떻게 해서 '생령'이 됐다고 했습니까? [123]

■ 마 10:28에 따르면 사람의 영혼은 육체와 함께 소멸합니까? [124]

■ 창 2:7; 마 10:28 말씀과 '유신론적 진화론'의 주장이 조화를 이룰 수 있습니까? [125]

성경에서 **하나님은 인간을 전인**(全人, 육체와 연혼을 지닌 인간)**으로 창조하셨습니다.** 주 예수 그리스도로 말미암아 구원 받거나 심판 날에 하나님으로 말미암아 멸망당하는 것은 전인으로서의 인간이지 인간의 육체나 영혼만 그렇게 되는 것이 결코 아닙니다.

■ 전 12:7; 마 10:28; 눅 23:43 말씀을 통해 알 수 있는 사람의 몸과 영혼에 대한 교훈들을 함께 나눠 봅시다.

■ 창 1:27은 인간의 창조에 대해 어떻게 말합니까? [126]

■ 골 3:10에서 언급하는 '하나님의 형상'은 무엇입니까? [127]

■ 엡 4:24에서 언급하는 '하나님의 형상'은 무엇입니까? [128]

■ 엡 5:1,2에서 드러나는 '하나님의 형상'은 무엇이겠습니까? [129]

■ 성경은 사람의 육체를 '하나님의 형상'으로 언급합니까? [130]

몰몬교의 교리에 따르면 인간의 육체도 하나님의 형상이라고 합니다. 그러나 **인간의 육체가 하나님의 형상이라고는 결코 말할 수 없습니다.** 하나님께서는 완전한 영이시고 육체가 없으신 분이시기 때문에 그렇게 생각하는 것(몰몬교 교리)은 전혀 불가한 것입니다. 만일 그렇게 이해하는 것이 타당하다면, 하나님께서는 십계명의 두 번째 계명을 주시지 않으셨을 것입니다. 오히려 사람에게 육체가 있는 것은 인간이 하나님의 형상이기는 해도 하나님과 완전히 동일한 것은 아니라는 것을 반증해 준다 하겠습니다.

■ 창조 시에 지녔던 하나님의 형상은 지금 우리에게 아직도 남아 있습니까? [131]

■ 우리에게 아직 남아 있는 하나님의 형상은 창조 시에 지녔던 것과 동일한 것입니까? [132]

■ 창 1:26에서 하나님께서는 사람을 하나님의 형상으로 만드시어 무엇을 하도록 하셨습니까? [133)

창조 시에 인간에게 주어진 신적 명령(창 1:26,28절)은 단순히 자연의 생물들을 다스리라는 것이 아니라, 과학과 예술 등을 포함한 인간 문화의 전반에 대한 명령(문화명령)입니다. 창세기 1장에서 하나님은 창조하신 모든 피조세계를 다스리도록 사람을 지으실 때에, 하나님의 형상을 우리에게 주심으로 세계를 다스릴 수 있도록 하셨습니다. 인간의 지·정·의는 하나님의 형상으로, 세상을 다스리는 능력이었던 것입니다. 그러므로 세상의 모든 것들을 다스리는 문화명령에 있어서 능력의 원천인 인간의 지·정·의는 하나님의 형상을 드러내는 것으로서 기능할 때에 비로소 온전하게 다스리는 능력을 발휘할 수 있는 것입니다.

그러나 현대사회의 모습들은 하나님의 형상으로서의 인간의 지정의가 부패(타락)하여 온전히 기능하지 못하게 된 결과를 그대로 반영하고 있습니다. 롬 1:20-23과 같이 "썩어지지 아니하는 하나님의 영광을 썩어질" 것들로 바꾸어버린 타락한 모습들을 도처에서 찾아볼 수 있는 것입니다.

● **토의:**

창조 시 하나님의 형상으로서의 사람의 지·정·의가 타락한 지금의 우리들의 모습을 통해서 우리는 창조 시의 하나님의 형상으로서의 사람이 어떤 상태였음을 알 수 있습니까? 또한 궁극적으로 회복해야 하는 하나님의 형상으로서의 사람은 어떤 상태이겠습니까?

● **복습:** 하나님은 인간을 어떻게 창조하셨는가?

: 하나님께서 다른 모든 피조물들을 만드신 후에, 인간을   (   )와 (   )로 창조하셨는데, 남자의 육체는 (   )으로 지었고, 여자는 남자의 (   )로 만들었고, 그들에게 살아있고 합리적이며 불멸하는 (   )을 부여하고, 그들을 (   )과 (   )과 (   )에 있어서 그 자신의 형상대로 만들어 (   )을 그들의 (   )하며 그것을 (   )을 주어 피조물을 (   ) 하셨으나, (   )할 수 있었다.

5
하나님의 섭리
(providence)

하나님의 섭리는 하나님의 창조에 곧장 이어지는 것으로서, 하나님
의 작정에까지 연계되는 필연적인 것입니다. 하나님의 창조가 하나
님의 작정에 연계됨과 마찬가지로, 하나님의 섭리는 그처럼 연계
된 창조에 이은 하나님의 주권적인 사역에 속하는 것입니다. 그리
고 그러한 섭리의 목적 또한 하나님의 작정과 같이 하나님의 영광
에 있습니다.

그런데 하나님의 섭리 사역은 하나님의 창조와 마찬가지로 천사들
과 사람에 대한 것으로 각각 구별되며, 공히 하나님의 가장 거룩하
고 지혜로우며 능력 있는 보존과 다스림에 의해 실현되는 것입니다.

그러나 특별히 하나님의 섭리는 창조된 사람(아담)과의 사이에서 더
욱 깊고 풍성하게 실현되는데, 그 가운데서 하나님의 언약인 행위언
약을 체결하시는 것으로 이뤄졌습니다. 그러므로 언약에 있어서도
그 본질은 은혜의 성격이며, 하나님의 은혜로 말미암는 보존과 다스
림으로 이뤄진 것이기에 결코 하나님과 사람 사이의 쌍무적인 의무
를 바탕으로 하는 것이 아님을 알 수 있습니다. 오직 하나님의 보존과
다스림의 섭리 가운데서 모든 언약의 성립과 완성이 있는 것입니다.

무엇보다 섭리에 있어 반드시 이해해야만 하는 것이 바로 하나님의 속성과 하나님의 섭리가 각각 따로 성립하지 않는다는 점입니다. 앞서 이미 언급한 바와 같이 섭리 또한 하나님의 관점에서 이뤄지는 것이기에, 그 성립에 있어서 철저히 하나님의 주권적인 사역에 바탕을 두는 것이지요. 바로 그러한 조망 가운데서 종말에 이르기까지 모든 역사의 일들이 하나님의 섭리로 주관되는 것이며, 특히나 그 가운데서 사람의 보존과 다스림에 대해서는 더욱 하나님의 섭리 가운데서 비로소 이뤄지는 것입니다.

그러나 현대의 사고 가운데서는 자연과 역사에 관한 하나님의 섭리를 철저히 배제하는 이해를 도처에서 찾아볼 수 있는데, 특히 진화론적 사고로 대표되는 현대의 과학적 사고 가운데서는 자연과 역사가 하나님의 보존과 통치로서의 섭리가 아니라 자연 자체의 원리와 질서에 따른 것으로 이해되는 것을 볼 수가 있습니다. 뿐만 아니라 기독교 신앙에 있어서도 섭리를 인간 중심의 관점으로 해석하여, 인간 자체의 번영과 보존에 치우치는 경우들을 볼 수가 있는데, 소위 '인본주의'(humanism)적인 사고에 바탕을 둔 섭리의 이해를 쉽게 찾아볼 수가 있는 것입니다. 그러므로 이번 장에서 섭리에 대한 성경적인 이해가 어떠한 것인지를 정확히 이해할 수 있기를 바랍니다.

제18문

──────

하나님의 섭리 사역이란 무엇인가?

하나님의 섭리 사역이란 그의 **모든 피조물에 대한** 그의 가장 거룩하고 지혜로우며 능력 있는 **보존**과 **다스림**(통치)이며, 그 자신의 **영광을 위해** 그들과 그들의 **모든 행동을 조정**하는 것이다.

하나님의 **'작정(예정)'**은 **'창조'** 사역을 통해 이루셨을 뿐만 아니라 **'섭리'**(攝理)의 사역으로도 이루시는데, 하나님의 섭리에는 **'보존'**과 **'통치'**의 두 부분이 있습니다. 하나님께서는 그의 모든 피조물들을 그의 영광을 위한 목적을 위해 창조하셨을 뿐 아니라 지키시고, 또한 그의 모든 피조물들을 다스리심으로 그의 작정(예정)을 온전히 완성하십니다.

■ 하나님의 창조 이후 지금은 처음 부여된 자연의 질서 가운데서 세상이 자체적으로 유지되고 있다고 보십니까? [134]

■ 위와 같은 생각이 문제가 있다면 그것은 무엇입니까? [135]

■ 하나님의 '작정'과 '창조' 그리고 '섭리'를 각각의 관계 가운데서 설명해 보시기 바랍니다. [136)]

■ 히 1:3은 누가 "만물을 붙드시"는 분이라 했습니까? [137)]

■ 히 1:3은 무엇으로 "만물을 붙드"신다고 했습니까? [138)]

우리들은 일상 가운데서 모든 일들을 그저 무심하게 받아들입니다. 해가 뜨는 것, 달이 뜨는 것, 바람이 불고, 비가 내리고, 눈이 내리고, 수목이 자라고, 열매가 결실하는 등 일상적으로 반복되는 일들에 대해 우리들은 그 모든 일들이 원래 그렇게 되는 것처럼 생각하며 살아가는 것입니다. 그러나 폭풍이 불고, 가뭄이 닥치는 등 기상 재해를 겪거나, 전혀 짐작하지 못한 순간 사고를 당하는 등의 일을 겪게 될 때에, 우리들은 일상적인 모든 일들이 과연 어떻게 주어지고 가능하게 되는지 되돌아보곤 합니다. 이와 관련해 느 9:6에서 레위사람들의 입술을 통해 말씀된 것을 보면 **"하늘과 하늘들의 하늘과 일월 성신과 땅과 땅 위의 만물과 바다와 그 가운데 모든 것을 지으시고 다 보존하시오니"**라고 하여서 만물들을 창조하신 하나님께서 또한 만물들을 보존하시는 사실을 언급하고 있습니다. 또한 히 1:3 말씀에서도 **"그의 능력의 말씀으로 만물을 붙드시도다"**라고 했습니다.

그런데 여기서 한 가지 자세히 생각해 보아야 할 것이 있습니다. 그것은 만물을 붙드시는 하나님의 보존이 **"그의 능력의 말씀으로"** 된다는 것입니다. 이는 창조 시에 만물들을 명령하시어 존재케 하심과 같은 방식으로 만물들을 보존하시고 계신다는 말입니다. 그러므로 어떤 수단이나 원인이 없이도 세상을 창조하셨던 것처럼, 세상을 보존하심 또한 어떤 수단이나 원인이 없이도 얼마든지 가능한 방식으로(피조물인 우리들은 그 근본적인 원인을 찾을 수 없는 방식으로) 이뤄질 수 있는 것입니다.

■ "그의 능력의 말씀으로 만물을 붙드"심은, 세상 가운데서는 이신론(Deism)이 사실인 것처럼 보이는 원인이 될 수 있습니까? [139]

■ 하나님의 섭리에 대해 시 103:19 말씀은 뭐라 했습니까? [140]

■ 시 103:19 말씀은 하나님께서 무엇으로 세상을 통치(다스리심)하신다고 했습니까? [141]

■ 창 45:7-8 말씀을 '섭리'와 관련지어서 함께 나눠 보시기 바랍니다.

'이신론'(Deism)은 하나님의 섭리 교리를 부정하는 사상입니다. 하나님께서는 우주만물을 창조하셨지만, 창조하신 이후로는 우주만물을 그 자체의 원리에 따라 돌아가도록 하셨다고 생각하는 것이 바로 '이신론'으로서, 이러한 생각은 하나님의 섭리를 전혀 인정하지 않는 것입니다.

이러한 이신론은 중세기 이후에 '**계몽주의**' 사조가 팽배하면서 사람들이 하나님이 아닌 인간 자신과 자연에 관심을 갖게 되는 가운데서 크게 유행했던 사상입니다. 모든 것을 인간의 이성을 중심으로 생각하게 되면서 사람들은 자연의 순환이나 보존의 원인 또한 자연 안에서(자연계 안에 있는 유일한 이성이라고 생각한 인간의 이성 안에서) 발견하고자 하는 것(소위 말하는 과학적 규명)이 바로 이신론을 바탕으로 하고 있는 것입니다. 이러한 이신론은 곧바로 '진화론' 사상의 토대를 마련했습니다. 하나님의 섭리(보존과 통치)가 없는 자연은 스스로의 힘으로, 우열(優劣)의 법칙 가운데서 무작위로 아무런 목적과 방향이 없이 진보해 간다고 보는 것입니다.

■ '이신론'의 사고가 우리의 신앙(기독교 신앙)에 어떻게 스며있을 수 있는지 함께 생각하고 의논해 보시기 바랍니다.

■ 대교리문답은 '하나님의 섭리의 목적'을 무엇이라고 말합니까? [142)]

■ 사 63:11-14은 이스라엘을 인도하신 하나님의 섭리의 목적을 무엇이라고 말합니까? [143)]

■ 롬 11:36 말씀은 이를 간략하게 무엇이라고 표현했습니까? [144)]

『눈먼 시계공』

'만들어진 신'이라는 제목의 책을 발간해서 우리에게 알려진 리처드 도킨스가 쓴 과학 이론서의 제목이 바로 '눈먼 시계공'입니다. 이 책에서 도킨스는 "진화과정에 만일 설계자가 존재한다면 그는 아마도 '눈먼 시계공'일 것"이라고 말합니다.

도킨스에 따르면 자연선택의 결과로 태어난 오늘날의 생명체들을 보면 마치 숙련된 시계공이 설계하고 수리한 결과처럼 보이지만, 실제로는 앞을 보지 못하는 시계공이 나름대로 고쳐보려 애쓰는 과정에서(자연선택) 번번이 실패를 거듭하다 정말 가끔 요행으로 째깍거리며 작동할 때도 있다(진화)는 것입니다. 이러한 주장은 사실 창조주를 인정하는 것이 아니라 진화론의 관점에서 자연을 해석하여 창조론을 비꼬는 말입니다.

그런데 '진화론'이 설득력을 얻게 되는 배경에는 사실 '이신론'이 자리하고 있습니다. 하나님의 섭리를 부정하고 자연계가 스스로의 원리를 따라서 돌아간다고 생각할 때 비로소 스스로 돌아가는 자연계에서의 자연선택에 의한 진화가 이론적인 기반을 가질 수가 있는 것입니다.

위에서 살펴본 성경말씀들은 하나님의 섭리의 목적에 대해서 '**하
나님 자신의 영광을 드러내시는 것**'이라고 말합니다. 하나님께서
는 세상에 대한 작정을 하나님 자신의 영광을 향하도록 계획하셨
고, 그러한 작정대로 세상을 창조하셨으며, 작정을 따라 지어진 세
상의 보존과 통치 즉, 섭리 또한 하나님의 영광을 향하도록 하신다
는 것입니다.

오늘날 많은 신앙인들이 하나님께서는 자신이 창조하신 개인 개인
의 복지를 위해서만 섭리하시는 것처럼 생각합니다. 좀 더 간단하게
는 하나님은 나 자신의 행복과 복지를 위해서 일하신다고 생각하는
것입니다. 따라서 어떤 절망적인 시련이 닥치면 '**하나님이 지금 계
신다면, 하나님께서 나를 돌보신다면**(나를 위하신다면)**, 어떻게 이런
시련이 닥칠 수가 있느냐**(어떻게 시련을 막으실 수가 없었느냐)'고 생각
하기도 하는 것입니다. 그러나 그러한 생각은 성경에서 말씀하고 있
는 창조와 섭리의 목적과 정반대되는 생각입니다.

성경은 모든 것이 다 하나님의 영광을 목적으로 한다고 말합니다.
그러므로 개인의 복지도 사실은 개인의 복지로 끝나는 것이 아니라
이를 통해 하나님의 영광이 드러나는데 궁극적인 목적이 있는 것입
니다. 한 마디로 하나님의 섭리는 신자 개인을 넘어서는 피조물 전
체의 복지를 지향하고 있으며, 피조물 전체의 복지 또한 그 궁극적
인 지향은 바로 '**하나님의 영광**'에 있는 것입니다.

만일 하나님의 섭리를 나 자신이 원하는 복지를 위하는 것으로만 생
각한다면, 우리들은 결국 무신론적 견해 혹은 '**이신론**'의 견해를 취
하게 될 것입니다. 왜냐하면 자신이 원하는 복지가 깨어지는 상황에

직면했을 경우에 그 상황을 이해하려면, 하나님의 섭리를 부정하거나, 하나님께서 지금은 쉬고 계시다고 생각하는 것으로 설명이 된다고 보아야만 할 것이기 때문입니다.

■ 그렇다면, 하나님의 섭리는 우리 인간의 지극히 작은 일에까지 이르는 것입니까? [145]

■ 마 10:29-31 말씀에서는 이를 어떻게 설명합니까? [146]

■ 그렇다면, 심지어 악인들의 죄악조차도 하나님의 섭리가운데서 벌어지는 것입니까? [147]

■ 행 4:27-28; 창 45:4-8 말씀은 예수 그리스도와 요셉의 일을 어떻게 설명하고 있습니까? [148]

■ 그렇다면, 하나님의 섭리 가운데서의 악인의 죄에 대한 책임은 하나님께 있는 것입니까? [149]

대교리문답 제18문에 따르면 **"하나님의 섭리 사역이란 그의 모든 피조물에 대한 그의 가장 거룩하고 지혜로우며 능력 있는 보존과 다스림"**이라고 했습니다. 또한 소교리문답 제11문에서도 **"하나님의**

섭리하시는 일은 지극히 거룩함과 지혜와 권능으로써 모든 피조물과 그 모든 행동들을 보존하시며, 통치하시는 일"이라고 했습니다.

사실, 하나님의 작정은 하나님의 지혜와 권능 즉, 하나님의 속성에 기반을 두는 것입니다. 그러므로 피조물인 우리들의 입장에서는 이를 완전히 이해할 수가 없습니다. 마찬가지로 하나님의 섭리도 우리에겐 완전히 다 이해될 수는 없는 신비입니다. 다만, 성경에서 언급하는 만큼에 한해서는 우리들도 확실하게 믿으며 알 수가 있는 것입니다.*

■ 이러한 하나님의 섭리와 반대되는 이신론(理神論)과 진화론(進化論)의 사고를 비교하여서 토의하여봅니다. [150]

● **복습:** 하나님은 그의 작정을 어떻게 실행하시는가?

　: 하나님은 그의 (　　　　)와 (　　　　)의 (　　　　　)에 따라 (　　　　)사역으로 실행하신다.

● **복습:** 하나님의 섭리 사역이란 무엇인가?

　: 하나님의 섭리 사역이란 그의 모든 (　　　　) 그의 가장 거룩하고 지혜로우며 능력 있는 (　　)과 (　　)이며, (　　　　) 그들과 그들의 모든 행동을 조정하는 것이다.

---

* **자연에 대한 완전한 다스리심**-마 5:45; 시 104:14; 욥 37:10,12/ **모든 민족을 다스리심**-단 2:21, 4:25; 행 17:26/ **모든 개인에 대한 완전한 다스리심**-삼상 2:6~8/ **인간의 자유로운 행위까지도 다스리심**-잠 16:1; 빌 2:13; 시76:10.

'창조'의 목적은, '구원'에만 있지 않다 – II

사람의 제일 되는 목적에 따른 바른 신앙의 내용이 인간의 구원에 최종적으로 머무르는 것이 아니며, 어떤 자들을 택하실 뿐 아니라 또 어떤 자들을 유기하심으로 이루시는 하나님의 영광과 공의의 작정 가운데에 있음을 분명히 하는 구체적인 신앙은 과연 무엇일까? 우선 그것은 인간의 창조목적과 관련한 교리문답의 내용과 연관되어 있다. 즉 "하나님을 영화롭게 하며 그를 영원토록 즐거워하는" 것과 깊은 연관이 있는 것이다. 그런데 하나님을 영화롭게 한다는 것은, 일반적으로 우리에게서 나오는 어떤 것들을 통해 이룰 수 있는 성격이 아니다. 오히려 하나님에게서 기원하는 영광을 다시 하나님께로 돌려 드리는 것이 영광돌림의 기본적인 바탕이다.

그렇다면 우리들은 어떻게 그처럼 하나님의 영광을 다시 되돌려 드릴 수가 있는가? 그러한 물음에 대한 답을 칼뱅의 제네바 교리문답이 명료하게 제시하는데, 칼뱅의 제네바 교리문답 제1문은 "사람의 제일 되는 목적은 무엇입니까?"라고 물은 뒤에 "그것은 창조주 하나님을 아는 것입니다."라고 답하는 것으로 되어 있다.

사실 "창조주 하나님을 아는 것"이라는 말은 모든 것들의 기원에 관한 가장 기초적인 전제를 함축하고 있는 말이다. 따라서 그런 하나님을 안다는 것은, 모든 피조물들과 관련한 개념들조차도 그 기원을 하나님에게 두는 것이다. 하지만 그러한 모든 사실들을 알 수 있는 것은 그 모든 지식들을 제공하시는 하나님으로 말미암는데, 그러한 이해를 바탕으로 하는 것이 바로 '계시'(revelation)다. 그러므로 계시라는 말 자체에는 전적으로 하나님에게서 기원하는 원리가 바탕을 이루고 있는 것이다. 반대로 우리가 하나님에 관하여, 혹은 하나님에게서 기원하는 그 어떤 개념들을 이해하려고 할 때에는 기본적으로 계시에 역행하는 행위를 하는 것이다. 참된 신앙(혹은 종교)과 반대되는 일반적이고도 자연적인 신앙(자연종교)의 기본적인 바탕은 인간의 추구와 탐구로서, 그런 것은 얼핏 계시를 추구하는 것 같으면서도 사실은 우리의 의지를 바탕으로 한다는 점에서 계시에 역행한다. 반면에 참된 신앙과 종교는 그 모든 바탕과 출처를 철저히 하나님께 두는 형태로 되어 있는데, "창조주 하나님을 아는 것"이라는 말은 지식의 유일한 출처를 하나님께로 두는 가장 기본적인 계시의 원리를 전제해 주는 것이다. 물론 인간이 탐구하고 추구하는 지식이라고 하더라도 그 근원은 여전히 하나님이시기에 그런 지식이 하나님과 무관하다고 말할 수는 없으며, 바로 그러한 전제에 대한 이해를 바탕으로 보자면 인간이 추구하는 지식과 이해 자체도 일종의 계시로서의 의미를 충분히 담을 수 있다. 아울러 그러한 계시의 성격을 일컬어 '일반계시'(혹은 자연계시)라고 할 수 있을 것인데, 롬 1:18-23절에서 말하는 "하나님을 알 만한 것"이란 바로 그처럼 우리의 의지에서부터 기원하는 모든 지식의 방편들과 지식 그 자체에 대한 명확한 한계를 나타내고 있다.

뿐만 아니라 로마서는 그러한 바탕 가운데서 '율법'과 '믿음'을 언급하는데, 율법의 준행과 믿음 자체가 우리 자신에게서 유래하는 한에서는 모두 일반계시와 마찬가지 맥락에서의 한계 내에서 이뤄지는 것이라는 사실을 분명하게 밝히고 있다. 그러므로 로마서는 "사람이 의롭다 하심을 얻는 것은 율법의 행위에 있지 않고 믿음으로 되는 줄"(롬 3:28)을 인정하면서도, 동시에 "만일 아브라함이 행위로써 의롭다 하심을 받았으면 자랑할 것이 있으려니와 하나님 앞에서는 없느니라."(롬 4:2)고 했으니, 의와 믿음의 원천 또한 "일한 것이 없이……의로 여기"(롬 4:6)시는 하나님께만 전적으로 있는 것이다. 또한 그런 점에서 하나님의 신적 작정과 그 가운데 있는 창조의 목적, 즉 하나님께 영광이 돌려지는 것은 전적으로 하나님의 주권적인 역사로 말미암는 것이며, 바로 그러한 작정의 내용을 가감(adjust adjustment) 없이 확신하는 것이야말로 창조주 하나님을 아는 기본이요 최고인 지식임을 알 수 있다. (중략)

제19문

천사들에 대한 하나님의 섭리는 무엇인가?

하나님은 그의 섭리로, **자신의 영광**을 위해 그들과 그들의 모든 죄를 제한하고 정함으로써, **천사의 일부**가 자의로 그리고 회복될 수 없이 죄와 저주로 **타락**하게 허용하셨으며, 나머지는 **거룩하고 행복하게** 세워, 그의 기쁘신 대로 그들 모두를 사용하여 그의 능력과 긍휼과 공의를 시행하도록 하셨다.

하나님께서는 그의 '**작정**'에 따른 '**창조**' 사역에 따라 '**섭리**'(攝理)로서 그 지으신 피조물들을 보존하시며 다스리신다고(통치) 했습니다. 그런데 '**창조**'에서나 '**섭리**'에서나 그 직접적인 대상은 인격(이성)을 지닌 피조물인 '**천사**'와 '**인간**'입니다. 자연만물이 다 하나님의 영광을 향한 섭리의 대상이지만, 인격을 지닌 천사와 인간에 대해서는 더욱 계시(성경)를 통해 구체적으로 이를 나타내신 것입니다. 그러므로 '**창조**'에서 천사와 인간의 창조에 대해 살펴본 것처럼, '**섭리**'에서도 우리들은 천사와 인간에 대한 하나님의 섭리를 살펴볼 것입니다.

■ 유 6; 벧후 2:4은 어떤 부류의 천사들을 언급하고 있습니까? [151]

■ 요일 3:8은 마귀의 범죄에 대하여 무엇이라 했습니까? [152]

■ 욥1:12; 마8:31 말씀으로 볼 때, 범죄한 천사의 범죄는 하나님의 섭리 (보존과 통치)를 벗어나는가? [153]

■ 히2:14-16 말씀으로 보건데 하나님은 범죄한 천사를 위한 구원의 길을 제공하셨는가? [154]

하나님의 섭리는 모든 것에 있어서 궁극적으로 하나님 자신의 영광을 위하심에 있습니다. 그러므로 죄의 문제 또한 하나님의 영광과 무관하게 일어나는 것이 아니며, 오히려 하나님께서는 죄까지도 효과적으로 통제하시며 활용하셔서 그 자신의 영광을 이루도록 하십니다.

그런데 하나님의 섭리가 천사들에게 있어서는 사람과는 상당히 다르게 이뤄지는 것을 볼 수 있는데, 특별히 그 스스로의 의지로 타락한 천사들에 대해서는 철저히 유기와 심판으로 이어지도록 하신 것이 하나님의 섭리입니다. 그러므로 천사들은 인류의 경우처럼 한 사람의 타락으로 말미암아 온 인류 전체가 타락하게 되는 것이 아니라, 자의로 타락한 각자가 그 타락의 최종적인 책임과 심판을 당하게 되는 것입니다. 아울러 그러한 천사들에 대해서는 인류의 경우와 같은 그리스도의 구속이 전혀 적용되지 않습니다. 다만 타락하지 않은 거룩하고 행복한 천사들만이 아니라 자의로 회복될 수 없이 죄와 저주로 타락하게 된 천사들까지 사용하시어 그의 능력과 공의를 시행하시는 것이 바로 천사들에 대한 하나님의 섭리입니다. 그러므로 천사들은 철저히 하나님의 영광과 공의를 위하는 도구요 수종자들로 피조된 것입니다.

● 다음 물음에 대해 옳다고 생각되는 답변에 ✔표를 해보시기 바랍니다.

■ 천사들의 일부가 "죄와 저주로 타락"한 것은, 하나님의 섭리와는 별개로 천사들의 자의로 일어난 것인가?

예 / 아니오

■ 일부 타락한 천사들의 경우에도 오직 예수 그리스도의 구속으로 말미암아 회복될 수 있는가?

예 / 아니오

■ 비록 타락한 천사들이라 할지라도, 하나님의 섭리 가운데서 하나님의 영광을 위하는 공의를 나타내게 되는가?

예 / 아니오

● **복습:** 천사들에 대한 하나님의 섭리는 무엇인가?

: 하나님은 그의 섭리로, (   ) 그들과 그들의 모든 죄를
(   )으로써, (   )가 자의로 그리고 회복될 수 없이 죄
와 저주로 (   )허용하셨으며, 나머지는 (   ) 세
워, 그의 (   ) 그들 모두를 사용하여 그의 (   )과 (   )
과 (   )를 시행하도록 하셨다.

성령 안에서 '교제'(fellowship)하는가?

성령에 관해서 얼핏 개혁신학을 추구하는 성도들 가운데서보다 은사주의적인 신학을 추구하는 성도들 가운데서 더욱 강조되는 것으로 보일 수 있을 것이다. 특별히 오순절 성령강림의 첫 키스를 열렬히 사모하는 오순절주의(Pentecostalism) 교파의 성도들에게 있어서 모든 신앙의 일상들이 성령의 일들로 이해되는 것을 볼 수 있기 때문이다. 그러나 사실 오순절주의 교단이 성령사역을 그토록 강조하며 부각시킬지라도, 그들은 이미 성령의 역사에 있어서 중요한 한 부분만을 과도하게 붙잡는 신앙을 견지하고 있음을 알아야 한다. 즉 비상한(extraordinary) 능력들이 성령의 부음으로 동반되는 것에 지나치게 도취되어서, 성령의 다른 역사와 능력을 간과하는 오류를 범하고 있음을 생각해야 하는 것이다.

이와 관련하여 헤르만 바빙크(Herman Bavinck, 1854-1921)는 그의 개혁교의학 3권에서 "구원의 서정"에 관하여 논하는 가운데 성령에 관해 이르기를, "초기에 모든 사람들이 높이 평가하고 어떤 사람들에 의해서는 과대평가 되었던 많은 비상한 능력들이 성령의 부음과 동반했다 할지라도, 우리가 간과하지 말아야 할 것은 동일한 성령의 풍성한 교제가 많은 종교적이고 도덕적인 미덕들 가운데 계시되었다는 사실이다."(개혁교의학 3권 49장)라고 하여 성령의 사역에 있어 비상한 능력들을 행하게 하는 것만이 아니라 더욱 성령의 풍성한 교제의 측면을 강조했는데, 오순절주의 교파의 경우에는 성령의 은사에 치우친 나머지 바로 후자-성령의 풍성한 교제의 측면-에 대한 이해와 강조가 빈약하게 되었던 것이다.

사실 바빙크는 성령의 부음으로 말미암은 비상한 능력들이 일시적이며 단회적이었음을 설명하면서, 또한 성령의 부음으로 말미암은 풍성한 교제에 관해 더욱 설명해 준다. 즉 "그리스도와 그의 교회, 그리고 모든 신자들 상호 간에 가장 친밀한 교제를 이루는 분은 성령이시다. 성령은 물론 성부와 성자와 구별되시지만(요 14:16 "내가 아버지께 구하겠으니 그가 또 다른 보혜사를 너희에게 주사…."), 두 분과 나란히 따로 언급되는 다른—즉 그리스도와 다른—보혜사다. ……그러므로 신자들을 그들과 온전히 교제하게 하며 그들의 모든 유익들을 나누어 준다."고 한 것이다. 한마디로 신자들 간의 교제와 이방인들 사이의 교제가 근본적으로 다른 점이 바로 성령의 부음으로 말미암은 풍성한 교제의 여부에 있는 것이다.

무엇보다 바빙크의 설명에 따르면 행 4:32-37절의 일들은 행 2:42절에 언급하는 바 "사도의 가르침을 받아 서로 교제하고 떡을 떼며 오로지 기도하기를 힘쓰"던 맥락이었다. 바로 그러한 맥락 가운데서 교회는 "믿는 무리가 한 마음과 한 뜻이 되어 모든 물건을 서로 통용하고 자기 재물을 조금이라고 자기 것이라 하는 이가 하나도 없"는, 그야말로 성령의 부음으로 말미암은 풍성한 교제의 모습을 구현하였던 것이다. 그러므로 사도행전 5장에 쑤욱 들어온 채로 기록되어 있는 아나니아와 삽비라의 사건에서 주목해야 할 점 또한 '성령의 부음'이다. "사람에게 거짓말한 것이 아니요 하나님께로다."(4절)라는 베드로 사도의 말을 듣고 "엎드러져 혼이 떠나니 이 일을 듣는 사람이 다 크게 두려워하더라."(5절)고 기록한 일들 가운데서 우리가 주목할 것은, 그 듣는 자들의 두려움에 있는 것이 아니라 3절에서 말한바 "성령을 속이고"라는 말씀에 있는 것이다. 교회의 진정한 교제, 성도들의 풍성한 교제는 성령의 부음으로 가능케 되는 것으로서, 억지로 꾸미거나 속여서 할 수 있는 일이 결코 아닌 것이다. (중략)

제20문

창조된 상태의 인간에 대한 하나님의 섭리는 무엇이었
는가?

창조된 상태의 인간에 대한 하나님의 섭리는, 그를
낙원에 두고 그것을 가꾸도록 임명하며, 그에게 땅
의 소산들을 먹을 **자유**를 주고 피조물을 그의 통치
하에 두며, 그의 도움을 위해 **결혼**을 제정하고, 그로
하여금 자기와 **교제**할 수 있게 하며, **안식일**을 제정
하셨다. 또한 **생명나무**를 보증하는 인격적이며 완
전하고 영속적인 순종을 조건으로 그와 생명의 언약
을 맺고, 사망의 형벌로 **선악을 알게 하는 나무**의
실과를 먹는 것을 금지하셨다.

우리들은 앞서 천사의 창조에 대한 교리문답에서 천사는 인간과
달리 유기적으로 연관되어 묶여져 있는 존재들이 아니라 서로 분
리된 개인적 존재들이라는 사실을 살펴보았습니다. 그러므로 인간
과 달리 각각의 천사들은 그 자신이 범한 죄에 의해 명백히 유기
와 심판에 처해지게 됩니다. 그러나 하나님의 섭리는 그러한 천사
들에 대해서도 여전히 적용됩니다. 그러므로 타락한 천사들의 죄
와 유기는 하나님의 다스리심 안에 있으며, 그렇지 않은 천사들에
대한 하나님의 섭리(보존과 통치)로 말미암아서 나머지 많은 천사들
이 하나님께 수종자들로 있는 것입니다. 그렇지만 인간은 천사와

달리 아담 안에서 모든 인류가 죄와 타락의 상태로 전락했습니다. 때문에 사람에 대한 하나님의 섭리는 천사의 경우와는 상당히 다른 것입니다.

■ 교리문답에서 말하는 인간에 대한 하나님의 섭리는 누구에 대한 섭리를 말하는 것인가? [155]

■ 창2:8; 15-16에서 아담(인간)을 향한 하나님의 섭리는 한 마디로 어떤 것인가? [156]

■ 창1:28에서 아담(인간)을 향한 하나님의 섭리는 어떤 것인가? [157]

■ 창1:29에서 아담(인간)을 향한 하나님의 섭리는 어떤 것인가? [158]

■ 창2:18에서 아담(인간)을 향한 하나님의 섭리는 어떤 것인가? [159]

■ 창2:3에서 아담(인간)을 향한 하나님의 섭리는 어떤 것인가? [160]

하나님께서는 아담에게 이처럼 많은 섭리하심 가운데 아담을 보존하시고 다스리셨는데, 그러한 섭리의 목적은 아담 자신의 복지에만 머무르는 것이 아니라 궁극적으로 **'하나님의 영광'**을 향하도록 하신 것입니다. 그런데 아담과 관한 하나님의 이러한 섭리들 가운데서 우리들은 중요한 사실을 파악할 수 있는데, 그것은 그 모든 섭리의 내용이 선악을 알게 하는 나무의 실과를 먹지 말라는 금지명령(禁令) 즉, 금지된 행위를 배경으로 하는 언약적 조건 가운데서 시행된 사실입니다. 따라서 아담에게 그처럼 제시된 최초의 언약을 일컬어 **'행위언약'**(covenant of works)이라고 합니다.

그러나 아담에게 제시된 **'행위언약'**도 하나님의 섭리 가운데서는 이 역시 **'은혜'**에 속하는 것입니다. 하나님께서 아담과 언약을 맺으신 것은 행위를 전제로 하는 것일지라도 그 언약의 완성은 여전히 하나님으로서만 가능한 것이고, 애초에 언약을 실행해야만 할 필연성이 하나님께는 없었다는 점에서 그 **'행위언약'**도 실은 **'은혜언약'**(covenant of grace)이라 할 수가 있습니다. 또한 **'행위언약'**이라 할 수 있는 **'율법'**은 모세에게 비로소 주어진 것이 아님을 알 수 있습니다. 십계명 가운데 하나님과의 관계에 속하는 계명인 제1-4계명이 이미 아담에게도 주어졌는데, 그것은 하나님을 즐거워하며 교통했었던 아담의 원래의 상태 가운데 내포되어 있습니다. 그리고 결혼의 제정과 인류의 가장 근본적인 기구인 가정과 가족을 세우심으로 나머지 6개의 계명에 내포된 율법의 원리 또한 아담에게 주어진 것입니다. 하지만 아담은 하나님과의 **'행위언약*'**을 통해 하나님께 순종하지 못했습니다. 아직 죄로 오염되지 않았던 아담이야

---

* 이것을 또한 **'생명의 언약'**(covenant of life)이라고도 합니다. 왜냐하면 하나님께서는 선악을 알게 하는 나무의 열매를 먹지 않는 순종을 조건으로 '생명나무의 열매'를 허락하시려 예비하셨기 때문입니다.

말로 하나님께서 자신을 낮추셔서 맺어주신 행위언약에 자발적으로 순종함으로서 생명나무의 실과를 먹을 수 있었지만, 아담은 그렇게 하지 못한 것입니다.

■ 그렇다면 아담이 행위언약을 이행하지 않음으로서 하나님의 섭리는 폐기되었는가? [161)]

■ 폐기된 것이라면 그 사실을 어떻게 설명할 수 있는가? [162)]

■ 폐기된 것이 아니라면 그 사실을 어떻게 설명할 수 있는가? [163)]

하나님께서는 모든 인류의 첫 조상 '아담'이 하나님께서 처음 세우신 섭리를 잘 따를 수 있도록 창조하셨지만, 동시에 그러한 모든 섭리는 하나님께서 명하신 금령(선악을 알게 하는 나무의 실과를 먹지 말라는)에 대한 순종을 조건으로 한 것이었습니다. 그러므로 아담은 하나님의 금령에 순종할 수 있을 분 아니라, 이를 따르지 않을 수도 있는 선악의 자유로운 선택을 내릴 수 있는 의지가 부여되었습니다. 하지만 아담은 그러한 자유의지를 바탕으로 하나님의 금지하신 명령에 따르지를 않았고, 오히려 그것을 어김으로써 하나님의 섭리를 거스른 것처럼 생각할 수 있을 것입니다.

그러나 아담의 불순종은 그리스도로 말미암는 구속의 더 큰 언약이 인간에게 적용되도록 하는 방식으로 진행된다는 점에서 여전히 하나님의 영광을 향하는 섭리 가운데서 이뤄진 일이었습니다. 즉 예수 그리스도의 구속을 택하신 백성들에게 적용하심으로, 더 큰 영광이 하나님께로 돌려지도록 하셨다는 점에서 여전히 하나님의 섭리로서 이뤄진 일이었던 것입니다. 그러므로 웨스트민스터 신앙고백(제5장 3항)에서는 이러한 하나님의 섭리에 관하여 이르기를 **"하나님은 그 일상적(日常的)인 섭리에서 여러 가지 수단을 쓰시지만(행 27:31,44), 원하시는 대로 자유로 그 수단들을 혹은 쓰시지 않고(호 1:7), 혹은 초월하시고(롬4:19-21), 혹은 거스르기까지 하십니다(왕하 6:6)."** 라고 언급한 것을 볼 수 있습니다. 이처럼 하나님의 섭리는 우리의 지각과 이성을 훨씬 뛰어넘어 하나님 자신의 영광을 향해 지금도 여전히 불변하게 이뤄지고 있습니다. 그러므로 **'행위언약'**이 하나님의 섭리를 조건적인 것으로 제한하지 못하며, 오히려 더 큰 영광의 섭리인 **'은혜언약'**을 이끌도록 의도하셨다는 점에서 참으로 놀라운 은혜의 내용인 것입니다.

● 다음 물음에 대해 옳다고 생각되는 답변에 ✔표를 해보시기 바랍니다.

■ 천사들이 자의로 타락하게 된 것과 달리, 창조된 인간은 하나님의 섭리로 불가피하게 죄를 범하여 타락했는가?

예 / 아니오

■ 천사들에 대한 섭리가 하나님의 영광을 위함과는 달리, 인간에 대한 섭리는 인간의 보존에 국한되는가?

예 / 아니오

■ 창조된 인간에 대한 "생명의 언약"은 순종을 조건으로 한다는 점에서 행위언약이라고도 불리는가?

예 / 아니오

■ 인간의 타락은 하나님의 섭리를 거슬러 그 목적을 방해하는 것이었는가?

예 / 아니오

● **복습:** 창조된 상태의 인간에 대한 하나님의 섭리는 무엇이었는가?

: 창조된 상태의 인간에 대한 하나님의 섭리는, 그를 (   )에 두고 그것을 (   ) 임명하며, 그에게 땅의 소산들을 먹을 (   )를 주고 피조물을 그의 (   )하에 두며, 그의 도움을 위해 (   )을 제정하고, 그로 하여금 자기와 (   )할 수 있게 하며, (   )을 제정하셨다. 또한 (   )를 보증하는 인격적이며 완전하고 영속적인 (   )을 조건으로 그와 (   )을 맺고, 사망의 형벌로 선악을 알게 하는 나무의 실과를 먹는 것을 (   )하셨다.

6
생명의 언약*
(또는 은혜언약)

언약에 있어 태초의 사람(아담)에게 있었던 진정한 의미의 '자유의지'는, 결코 하나님의 섭리와 따로 떨어져 성립할 수 없는 성격이었습니다. 그러므로 언약에 있어서도 그 성립은 사람의 자유의지에 일부 맡겨져 있었던 것이 아니라, 하나님의 섭리에 바탕을 두는 것입니다. 다만 모든 인류의 대표인 첫 사람의 자유의지란, 하나님께 대한 전적인 순종의 유일한 가능성으로서의 의지를 말하는 것일 뿐, 언약을 성립시키는 조건이 되는 것은 아닙니다.

그러나 인류의 첫 조상들은 그들에게 제시된 언약에서 요구되는 순종을 이루지 못했기에, 그로 말미암는 죄와 죄책이 전적으로 모든 인류에게 적용될 수밖에 없게 되었습니다. 그리고 그로 말미암은 부패와 타락은 그대로 모든 인류를 비참한 형편으로 떨어뜨렸으며, 이후로 형벌과 고통 가운데 처하게 된 것입니다.

---

* 아담과 세운 언약(言約)을 일반적으로 **'행위언약'**이라고 하는데, 이는 **'완전한 순종을 조건으로'** 하는 것(영생의 열매인 생명나무의 실과를 주시기로 약속)이기 때문입니다. 그런데 **이 언약을 맺기 위해 하나님께서 친히 아담을 찾아오신 것은 매우 큰 은혜입니다.** 즉, 하나님의 은혜가 선악을 알게하는 나무의 열매를 먹지 말도록 금지하신 명령보다 앞서서 있었던 것입니다. 이처럼 성경에 따르면 심지어 금지 명령조차도 은혜 없이 주어진 적이 없습니다.

결국 인류는 죄와 타락으로 말미암아 하나님의 은혜로운 섭리가 없이는 결코 소망이 없는 지극히 비참한 처지 가운데 놓였으며, 그러한 인류의 타락까지도 포함되어 있는 비밀하면서도 신비로운 하나님의 작정에 유일하게 소망이 있는 자로 더욱 하나님의 은혜와 자비에 의지된 존재로 있는 것입니다.

얼핏 '언약'에 관련해서, 특히나 '행위언약'에 관련해서 마치 인간이 하나님의 작정조차도 성립하지 못하도록 할 수 있는 가능성을 담보로 성립하는 것처럼 생각하는 경우를 볼 수가 있으나 사실 행위언약이라 할지라도 이를 체결하시는 하나님의 주권에 따라서 비로소 성립할 수 있는 것입니다. 그런즉 언약의 체결과 성립은 그 자체로 유보적(reserved)인 것이 아니라 이를 제시하시고 체결하시는 하나님의 주권 가운데서의 작정에 포함되는 확정적인 성격임을 기억해야 합니다. 하나님께서 우리와 언약을 체결하실지라도 만일에 우리가 그 언약의 조건을 만족시키지 못한다면 결국에는 우리 편에서 언약을 파기하고 최종적으로 무효가 되도록 할 수 있는 것이 아니라 이를 제시하고 체결하시는 하나님의 주권 가운데서 결국에는 만족하게 되는, 다분히 확정적인 성격으로서 우리에게 제시되고 체결되는 것이 바로 언약의 성격인 것입니다. 한마디로 우리에게 있어서 모든 선한 일들이 전적으로 하나님의 주권에 따라 제공되며 성립하는 것이지요.

제21문

인간은 하나님이 창조하신 처음의 상태를 계속 유지했는가?

그들의 **자유의지**에 맡겨졌던 우리 인류의 첫 조상은 사단의 유혹을 통해 금지된 열매를 먹음으로 하나님의 계명을 범했으며, 그로인해 창조된 무죄의 상태로부터 **타락**했다.

제22문

모든 인류가 그 첫 범죄에서 타락했는가?

아담과 맺은 언약은 그 자신만을 위한 것이 아니라 일종의 대표자로서 그의 후손들까지도 위하는 것이어서, 통상적인 출생에 의해 그로부터 나온 **모든 인류**는 그 첫 범죄 가운데서 죄를 범했으며, 그와 함께 **타락**했다.

하나님께서 지으신 피조물 가운데 천사와 인간은 자유로운 의지를 지닌 존재로 창조됐습니다. 특별히 죄에 대해서 그들은 자유의지를 사용하여 죄를 짓지 않거나 또는 죄를 지을 수가 있었습니다.

그러나 하나님께서는 그들의 자유의지가 하나님의 전능하심을 거스르도록 하시지는 않으셨습니다. 오히려 하나님께서는 그들이 자유의지를 사용하도록 하심으로서 그들이 죄를 범하는 일이 가능하도록 하신 것입니다. 그러므로 그들이 자유의지를 사용하여 죄를 범했을 지라도, 하나님의 전능하심을 거스를 수는 없었습니다.

■ 아담과 하와는 각각 어떤 방식으로 죄를 범했는가(창3:1-6 참조)? [164]

■ 창3:6에 나타난 하와의 행동은 어떤 의미에서 죄인가? [165]

■ 창3:6에 나타난 아담의 행동은 어떤 의미에서 죄인가? [166]

■ 아담과 하와가 금지된 실과를 먹은 결과는 무엇이었나? [167]

어떤 사람들은 창세기 3장에 대한 해석을 통해 타락의 기사가 역사적 사실이라기보다는 죄와 사망의 문제를 설명하는 하나의 '설화(이야기)'일 뿐이라고 주장합니다. 그러므로 창세기 3장은 죄와 사망의 문제를 다루는 하나의 문학적 표현으로 이해해야지, 그것을 글자 그대로 받아들여서는 안 된다고 말합니다. 그러나 로마서5장

12-21절에서 사도바울은 창세기 3장의 사건*을 역사적 성격에서의 타락으로 전제하는 가운데서 모든 논증을 펼칩니다. 또한 마태복음19장 4-6에서 예수님께서도 창2:24 말씀을 인용하시면서 창세기 본문을 하나님의 말씀으로 언급하십니다. 한마디로 창세기의 기록은 문학적 표현이 아니라 분명한 역사적 사건이라는 것이 성경의 입장입니다.

■ 행 17:26 상반절 말씀은 인류에 대해 어떻게 말하는가? [168)]

■ 고전 15:22 말씀은 사망의 기원을 어떻게 말하는가? [169)]

대교리문답은 **"통상적인 출생에 의해서 그로부터 내려온 모든 인류는 그 안에서 범죄했으며"**라고 했습니다. 즉, 아담은 모든 인류의 대표로서 '행위언약'을 받은 것입니다. 그러므로 행위언약 가운데서 아담의 첫 범죄가 그의 모든 후손인 전 인류에게 전가(impu-tation)됐습니다.

■ 그렇다면 아담의 범죄로 말미암은 인류의 타락의 상태는 아담과 동일할까요? [170)]

---

* 우리는 하와와 같이 **죄에 유혹되어 죄를 범하기도 할 뿐 아니라, 더욱 아담과 같이 유혹됨이 없이도 자발적으로 죄를 범하는 가운데** 있습니다. 그러면서도 아담이 하나님께 그랬던 것처럼 유혹으로 핑계를 삼는 전적인 타락의 상태에 있습니다. **하나님의 계명을 자발적으로 범하면서도 그 탓을 여러 가지 피치 못할 핑계와 유혹들로 돌리는 것이 흔히 볼 수 있는 우리의 모습입니다.**

■ 창 2:25은 범죄하기 전 인간의 상태를 어떻게 말하는가? [171]

■ 범죄하여 타락한 인간의 상태는 어떤 상태가 되었는가?(롬3:23, 5:12; 창3:17-19 참조) [172]

■ 사람들은 흔히 죄와 그로 말미암은 비참함 가운데 무엇에 더 신경을 쓰는가? [173]

■ 창 11:4에서 타락한 인간의 상황을 개선하기 위한 계획들은 결국 어떤 것으로 드러나는가? [174]

현대의 사람들, 특히 지성적 사고를 지닌 사람들 가운데 대부분은 통상적인 인간의 상태를 '정상'이라 생각하며, 추후에 발생하는 어떤 문제든지 간에 인간 스스로 올바른 판단과 결정을 내릴 수 있을 것이라고 생각합니다. 그러나 인류를 정상이라고 보는 태도는 타락한 인류의 죄와 비참을 언급하는 성경과는 정반대에 서있는 견해로서, 인간 자신의 한계와 타락의 깊은 뿌리를 간과하는 중요한 패착입니다.

■ 당신은 모든 인류가 창조시의 상태를 벗어나 비정상적인 상태이며, 온전함으로부터 완전히 이탈해 있다고 보는가?

성경은 아담의 범죄와 그로 말미암은 타락으로 인해 인간의 '知·情·義'가 다 비정상인 상태 즉, 전적인 타락의 상태라고 말합니다(창6:5; 롬3:10-12 참조). 에덴동산에서 아담과 하와는 정상적인 피조물로서 있었으나, 지금 우리들은 모두가 다 죄로 타락한 비정상적 상태가 되었으며, 그런 만큼 오늘날의 모든 인류 가운데 정상적인 사람은 단 한사람도 없습니다. 그런데 이처럼 절망적인 인류의 상태**를 아는 것은 '생명의 언약'을 이해하는데 아주 중요한 출발점이 됩니다.

● 다음 물음에 대해 옳다고 생각되는 답변에 ✔표를 해보시기 바랍니다.

■ 하나님께서 아담과 생명의 언약을 맺으셨는가?

예 / 아니오

■ 그 언약은 완전한 순종을 조건으로 맺은 것인가?

예 / 아니오

■ 아니면, 어떤 조건 없이 절대적으로 맺은 것인가?

예 / 아니오

** **인류는 모든 역사 가운데서 끊임없는 비극과 고통에 직면해 있습니다.** 이를 극복하고 타개하기 위해서 노력한 수없이 많은 사람들이 있었지만, 인류 가운데 단 한 사람도 이를 극복하지 못했습니다. 그러므로 이와 같은 **인류의 비참을 이해하는 만큼, 우리들은 그러한 비참함에서 우리를 구속하신 예수 그리스도의 은혜를 절실하게 실감할 수 있는 것입니다.**

■ 아담은 분명한 의지의 자유를 가지고 있었는가?

예 / 아니오

■ 아니면, 아담은 그것을 먹는 것이 금지되었는가?

예 / 아니오

■ 그 나무는 죽음에 이르는 고통과 더불어 주어졌는가?

예 / 아니오

● **복습:** 인간은 하나님이 창조하신 처음의 상태를 계속 유지했는가?

: 그들의 (　　) 에 맡겨졌던 우리 인류의 (　　) 은 사단의 (　　) 을 통해 금지된 (　　) 으로 하나님의 계명을 범했으며, 그로인해 창조된 무죄의 상태로부터 (　　) 했다.

● **복습:** 모든 인류가 그 첫 범죄에서 타락했는가?

: (　　) 과 맺은 (　　) 은 그 자신만을 위한 것이 아니라 일종의 (　　) 로서 그의 후손들까지도 위하는 것이어서, 통상적인 출생에 의해 그로 부터 나온 (　　) 는 그 첫 범죄 가운데서 죄를 범했으며, 그와 함께 (　　) 했다.

하나님의 본성(nature)으로서의 '질서'(order)

신학의 체계에 있어서 섭리의 위치는 잘 아는 바와 같이 하나님의 사역
(works)에 위치하는 것으로서, 하나님의 사역은 또한 하나님의 작정(de-
crees) 가운데서의 시행이다. 그러므로 하나님의 사역인 섭리는 기본적으로
경륜적인 이해가 아니라 작정하시는 하나님의 본질(essential nature) 가
운데서의 이해가 바탕이요 근거라 하겠다. 간단하게 말하자면, 섭리는 시간
의 경륜(혹은 역사) 가운데서 비로소 시행되는 것이라기보다는 이미 작정에
근거하여 시현(revelation)되는 것이며, 따라서 그 기초는 시간이 아니라 하
나님의 본질적인 속성에 근거하고 있다는 것이다.

한편, 하나님의 본질적인 속성에 대한 이해 가운데서, 특히 삼위일체 하나님
에 대한 이해 가운데서 발견되는 특징에는 '질서'의 측면이 있다. 고전 14:33
절에서 사도 바울은 이르기를 "하나님은 무질서의 하나님이 아니시오 오직
화평의 하나님이시니"고 했는데, 그 말씀은 곧 하나님의 본질, 특별히 삼위
일체로서의 하나님의 특성 가운데에 고유한 질서가 있음을 나타내는 말씀이
다. 왜냐하면 '화평'으로 번역된 헬라어 '에이레네'(εἰρήτνη)는 조화로움 혹은
일치된 질서로서의 의미 또한 지니고 있는 단어인데, 앞에서 언급한 불안정
과 무질서를 나타내는 헬라어 '아카타스타시아'(ἀκαταστασία)의 용례와 같
은 맥락 가운데서 그 뜻은 '질서'로 이해해야 하기 때문이다.

사실 현대의 개신교 신학에서 무용지물처럼 취급되어 있는 삼위일체(Trin-
ity)에 대한 이해는, 하나님의 예정(Predestination)과 함께 시간적 경륜인
역사 전체를 이해하는 핵심을 내포하고 있다. 그리고 거기에는 삼위(성부,
성자, 성령)의 각 위격 간에 결코 거스르지 않는 질서가 명확하게 정립되어
있다. 그 가운데서도 각 위격 간의 고유한 역할과 일하심에 대한 "성부께서
는 그 자신으로부터 성자와 성령을 통해 일하시며, 성자께서는 성부께로부
터 성령을 통해 일하시며, 성령께서는 성부와 성자로부터 일하신다."는 서술

방식은, 삼위 간의 독특한 질서로서 결코 깨뜨려지거나 그 순서 혹은 관계가 바뀔 수 없이 명백하게 정립되어 있다. 때문에 각 위격의 사역은 그러한 삼위일체의 질서 가운데서 각각 구별되되 결코 분리함이나 역전됨이 없이 일체적(동등함)으로 이뤄진다는 것이 삼위일체 하나님 안에서의 예정과, 그에 바탕을 둔 섭리에 대한 올바른 기초다. 한마디로 세상의 창조와 모든 세상과 질서들을 지으신 하나님 자신이 친히 질서 가운데 계시는 분이시라는 점에서 창조세계의 질서는 하나님 앞에 필연적(하나님으로 말미암는 점에서의 필연)이라 하겠다.

이처럼 하나님께서는 고전 14:33절에서 사도가 이르는 것처럼 철저히 질서의 하나님이시다. 그리고 그런 하나님의 사역인 섭리 또한 무질서하지 않고, 오히려 하나님의 질서를 그대로 닮아 있는 가운데서 질서 있고 조화롭게 구현되는 것이다. 바로 그러한 하나님의 주권 가운데서의 택하심으로 이뤄지는 교회의 조직 또한 질서를 이루는데, 그러한 질서를 가장 잘 반영하고 있는 것이 바로 장로교회의 체제이며, 거기에는 삼위 하나님 안에서의 상호간 독특한 질서 뿐 아니라, 그 질서 가운데서의 상호간 사역과 역할의 구별이 명백히 성립하는 것을 닮은 질서가 뚜렷하다. 예컨대 삼위 하나님 안에서 각각의 역할과 사역이 섞이거나 혼동될 수 없는 것처럼, 장로교회의 직제가 갖는 질서 또한 뒤섞일 수 없다. 그렇다고 삼위 하나님이 각각의 역할과 사역으로 말미암아 어떤 등위(혹은 서열)가 있을 수 없는 것처럼, 장로교회의 직제 또한 직능(function)상의 분명한 구별이 있는 가운데서도 각각 동등한 성격을 내포하고 있다. 그러므로 장로교회의 직제 가운데서 목사, 장로, 집사를 각각의 서열로 생각하는 것은 전혀 합당하지 않을 뿐 아니라, 삼위일체의 질서의 모사(copy)로서의 장로교회의 독특한 성격을 파손하여 로마가톨릭과 같이 타락해 버리는 중대한 범죄라는 사실을 직시해야 한다. (중략)

제23문

타락이 인류를 어떤 상태로 이끌었는가?

타락은 인류를 **죄**와 **비참**의 상태로 이끌었다.

제24문

죄란 무엇인가?

죄란 이성적인 피조물에게 규범으로 주어진 하나님의 어떤 법이라도 **부족**하게 준행하거나 **불복**하는 것이다.

죄는 결코 자연스런 상태가 아닙니다. 처음에 하나님께서 창조하신 인간의 모습은 죄 없는 상태입니다. 인간은 처음에 지식·의·거룩에 있어서 하나님의 참된 형상으로서 죄가 없는 상태로 지어졌던 것입니다.

■ 일반적으로 사람들은 '죄'를 무엇이라고 생각하곤 합니까? [175]

■ 어떤 사람들은 " '도덕'이나 '법률제도'가 없다면 죄가 성립하지 않을 것이기 때문에, 사람에게 어떤 기준을 제시하는 것 자체가 부자연스런 것"이라고 말합니다. 그러한 견해에 대해 당신은 어떻게 생각합니까? 176)

법률이나 제도가 없으면 죄도 성립할 수 없다는 생각의 밑바탕에는 모든 판단기준이 사람에게 있다는 암묵적인 전제가 깔려 있습니다. 그리고 그러한 전제 가운데서 사람은 저마다 좋다고 생각되는 것들을 선택할 의지의 자유가 여전히 부여되어 있다고 생각하는 것인데, 그러한 생각들은 전체적으로 진화론의 성립근거인 "자연선택에 따른 진화"의 사고가 있음을 부인할 수 없는 것입니다.

■ 창세기 3장에서 태초의 사람은 선한 것을 스스로 결정하여 선택할 수 있었는가? 177)

■ 창세기 2장에서(특히 17절) 아담에게 주어진 것들은 모두 누구로 말미암은 것인가? 178)

■ 창 2:17에서 아담이 선악을 결정할 수 있는 유일한 기준은 무엇이었는가? 179)

■ 성경(요일3:4*)은 죄에 대해 무어라 정의하는가? [180]

■ 현실에서의 '실정법'에 따르면, 범죄자가 형량을 다 채울 경우에 그 사람은 죄가 없는 것인가? [181]

■ 현실에서의 '실정법'과 성경의 '율법'에 있어서 동일한 성격을 지니는 부분이 있다고 한다면, 그것이 무엇이겠는가? [182]

■ 현실에서의 '실정법'과 성경의 '율법'에 있어서, 다른 성격의 부분이 있다고 한다면, 그것이 무엇이겠는가? [183]

우리가 살아가는 현실 가운데서 늘 볼 수 밖에 없는 살인, 도둑질, 위증과 같은 것들은 '실정법'에서 명백히 '죄'로 정의합니다. 동시에 율법에서도 그러한 것들은 명백히 '죄'로 정의합니다. 그렇지만 교회의 지체된 자들임에도 누군가를 미워한다거나 주일을 잘 지키지 않는 경우 등은 '실정법'에서는 죄라고까지 말할 수 있는 것이 아니지만, '율법'에서는 그 또한 명백히 죄에서 기인하며 그러므로 죄라고 말합니다. 이렇듯 세상의 법과 율법은 그 유사성과 함께 명백한 차이점을 지니고 있습니다.

---

* 미국표준성경(NASB)은 요일3:4절의 후반부를 "and sin is lawlessness."라고 번역하고 있다.

■ 세상의 법에서는 죄이지만 하나님의 법에서는 죄가 아닌 경우도 있습니까? [184)

■ 대교리문답에서 언급하고 있는 죄는 무엇인가? [185)

대부분의 경우 '죄'는 법 혹은 계명을 어기는 것으로만 생각합니다. 그러므로 법이나 계명을 어기지만(행하지만) 않으면 죄가 없는 것처럼 생각하는 것입니다. 그러나 하나님의 계명에 있어서는 단순히 계명을 어기는 것 뿐 아니라, 하나님의 계명이 행하도록 명하는 것을 하지 않는 것 역시 죄에 포함됩니다.

■ 약 4:17 말씀에서는 어떤 죄를 언급하는가? [186)

■ 약 4:17 말씀은 인간이 스스로 선을 행할 수 있음을 전제(前提)로 하는 말씀인가?

약 4:17 말씀은 분명 "사람이 선을 행할 줄 알고도 행치 아니하면 죄니라"고 말합니다. 이를 근거로 어떤 사람들은 모든 사람에게는 선을 행할 의지와 능력이 있다고 말합니다. 그러한 능력이 있는데도 불구하고 선을 행하지 않았다는 의미에서의 죄를 말하고 있는 것이 약 4:17 말씀의 뜻이라는 것입니다.

■ 시 14:2-3 말씀은 인간에 대해 어떻게 말하는가? [187)

■ 롬 3:9-12 말씀에서는 인간에 대해 또 어떻게 말하는가? [188)

■ 사람이 하나님의 계명을 어기는 것과 하나님의 계명에 따르는데서 부족한 것 중 어느 것이 더 무거운 죄이겠는가?

■ '방탕'과 '게으름' 중 어느 것이 더 무거운 죄이겠는가?

■ 하나님을 바르게 예배하지 않는 것은 작은 죄인가?

■ 요일3:4 말씀은 위의 모든 질문에 있어서 어떤 기준을 지시해 주는가? [189)

성경이 말하는 죄란, 단순히 율법의 계명만이 아니라 하나님의 말씀인 성경 전체에 대한 위배됨을 말하는 것입니다. 그러므로 하나님의 대한 진실한 사랑의 원동력이 없이는 결코 죄에서 자유로울 수가 없는 것인데, 시14:2-3과 롬 3:9-12 말씀은 바로 그러한 자유를 지니지 못한 인간의 상태를 단적으로 선포하고 있습니다.

결국 인간이 죄에 대해 자유로울 수 있는 근거와 능력은 하나님에 대한 전적인 사랑인데, 그것을 하나님께서 우리에게 공급해 주시는 것입니다. 왜냐하면 전적으로 사랑이시라고 말할 수 있는 분은 오직 하나님 한 분 뿐이시기 때문입니다. 그 사실을 요일 4:16 말씀은 분명하게 이르기를 "하나님이 우리를 사랑하시는 사랑을 우리가 알고 믿었노니 하나님은 사랑이시라 사랑 안에 거하는 자는 하나님 안에 거하고 하나님도 그의 안에 거하시느니라."고 했습니다. 마찬가지로 모든 선(善)은 하나님에게 있으니, 그런 하나님에게서 떠나게 될 때가 바로 악(惡)인 것입니다. 인류의 첫 조상들은 바로 그 사실을 간과하여 선과 악을 분별하는 능력이 하나님 밖에, 동산 중앙에 있는 나무의 열매에 있다고 생각하여 범죄했습니다. 그런즉 우리가 율법의 계명을 잘 지키고 따른다 할지라도 우리가 "하나님 안에 거하"여야만 죄에서 자유로울 수가 있는데, 그처럼 하나님 안에 거한다는 것은 바로 하나님께 전적으로 순종하는 것을 말합니다. 인류의 첫 조상들에게 요구되었던 것 또한, 그처럼 하나님께서 금하신 것을 철저히 금하는 순종이었습니다. 무엇보다 창세기의 첫 두 장을 통해 하나님께서 피조물인 인간을 모든 피조세계를 다스리도록 하는 자리에 두실 정도로 사랑하신 것을 보면, 분명히 "우리가 (하나님을) 사랑함은 그가 먼저 우리를 사랑하셨음이라"(요일 4:19)는 말씀 그대로임을 깨달을 수 있습니다. 즉 하나님께서는 아담에게 자신에 대한 전적인 사랑(순종)을 요구하셨을 뿐 아니라, 이미 충분하고도 부족함이 없는 사랑을 아담에게 먼저 부어주셨던 것입니다. 따라서 아담은 하나님께서 요구하시는 금지명령을 따라 순종함에 있어 전혀 어렵거나 부족할 것이 없는 상태였습니다. 그럼에도 불구하고 그런 하나님의 요구(사실은 지극히 적은 한 가지의 요구)를 거스른 아담의 죄는, "다 치우쳐 함께 무익하게 되고 선을 행하는 자는 없나니 하나도 없다."고 한 롬 3:12 말씀을 따라서 모든 인류에게 항상 담겨있는 죄악의 본성(죄악의 노예로 붙들려 있는 우리의 본성)을 이룬 것입니다.

● 다음 물음에 대해 옳다고 생각되는 답변에 ✔표를 해보시기 바랍니다.

■ 타락한 인류의 비참한 상태는 죄로 말미암은 것인가?

예 / 아니오

■ 타락한 인류의 비참을 개선하는 것은 죄의 문제를 해결해야만 가능한가?

예 / 아니오

■ 죄란 근본적으로 하나님의 율법에 어긋나는 것인가?

예 / 아니오

■ 율법을 모르는 불신자들의 불법은 정죄할 수 없는 것인가?

예 / 아니오

■ 인간에게 있는 양심은 율법으로 말미암은 것인가?

예 / 아니오

■ 율법에 어긋날 분 아니라 율법을 이행하지 않는 것 또한 죄가 되는가?

예 / 아니오

● **복습:** 타락이 인류를 어떤 상태로 이끌었는가?

: 타락은 인류를 (   )와 (   )의 상태로 이끌었다.

● **복습:** 죄란 무엇인가?

: 죄란 이성적인 피조물에게 규범으로 주어진 하나님의 어떤 (   )이라도 (   )하게 준행하거나 (   )이다.

제25문

인간이 타락한 상태의 죄성은 어디에 있는가?

인간이 타락한 상태의 죄성은 아담이 범한 첫 죄의 죄책, 창조 때에 부여된 **원의(原義)의 상실**과 **본성의 부패**에 있으니, 이 본성의 부패로 인해 그는 영적으로 선한 모든 것들을 행할 마음을 완전히 잃어버렸고, **무능력**하게 되었으며, 오히려 반대로 행하게 되고, 아울러 모든 악에 전적으로 계속해서 기울어버렸다. 이를 가리켜 통상 **원죄**라고 하는데, 그로부터 모든 실제적인 범죄들이 나온다.

죄가 인간의 상태를 타락시키기 전의 상태에 관한 유일한 단서가 되는 것은, 인간이 하나님의 형상(Image of God)으로 지은바 되었다는 사실입니다. 그런즉 인간은 철저히 하나님에게 종속된 존재로서, 인간의 모든 온전함(original righteousness)도 하나님과의 온전한 관계 가운데서 비로소 성립하는 것입니다. 그리고 하나님과의 온전한 관계 가운데서의 의는 인간의 자발적인 순종을 전제로 하는 언약(행위언약) 가운데서 성립할 수가 있었습니다.

■ 하나님과 인간 사이의 관계로 보건데, 태초의 인간의 의는 무엇으로 말미암아 깨어졌습니까?(롬 5:12절 참조) [190]

■ 창 3:8 말씀은 태초에 깨어진 인간의 의가 하나님과의 관계를 어떻게 변질시켰음을 알게 합니까? [191]

창세 이후로 오직 첫 사람 아담만이 하나님과 온전한(하나님의 온전한 형상으로서의 의로움) 관계 가운데 있었습니다. 그리고 그의 타락으로 말미암아 모든 인류들도 하나님과 온전한 관계 가운데 있지 못하게 되었으며, 하나님으로 말미암는 모든 선(good)과 의(righteousness) 또한 상실하게 되었습니다. 타락한 인류의 죄와 비참이란, 근본적으로 창조주 하나님과의 관계가 깨어지고 단절됨으로 말미암는 것입니다. 그러한 깨어짐과 단절로 인해, 하나님으로 말미암는 모든 선과 의가 더 이상 사람에게 부여될 수 없게 된 것입니다.

■ 롬 5:18은 아담이 태초에 범한 "한 범죄로 많은 사람"들(온 인류)이 어떻게 되었음을 분명히 밝히고 있습니까? [192]

사실 선과 악의 구별하는 기준은 하나님의 말씀에 있었습니다. 하나님의 말씀에 따라 행할 것을 행하고, 행하지 말아야 할 것을 행하지 않는 것이 바로 선이었던 것입니다. 반면에 그러한 하나님의 말씀과 별개로 행한 첫 사람의 행위야말로 죄이며 악으로서, 그 이후의 모든 인류는 첫 사람들이 보여준 바와 같이 항상 하나님에게서 숨음으로써 하나님과 상관이 없이 스스로 행하는 악을 선호하고 추구하는 부패 가운데 있게 된 것입니다. 그리고 그러한 부패는 하나님의 형상으로서의 인간의 독특한 특성을 어느 것 하나도 온전하지 못한 것으로 타락시키고 말았습니다. 즉 인간의 생각과 마음과 의지 그 모두가 하나님이 아니라 인간 스스로의 형상으로만 남게 된 것입니다.

■ 창 8:21 말씀은 사람의 마음에 대해 뭐라 말합니까? [193)]

■ 시 51:5에서는 사람에 대해 어떻게 말하고 있습니까? [194)]

■ 마 15:19에서 주님은 사람 마음에 대해 뭐라 말씀하십니까? [195)]

사람은 때로 가난한 이웃을 돕는다거나, 위험에 처한 사람의 생명을 아무런 조건이나 대가도 없이 돕는 등의 선한 일을 행하기도 합니다. 그러나 그런 사람이라 할지라도 원래의 창조목적을 따라 하나님을 영화롭게 하며 영원토록 그를 즐거워하여, 하나님의 말씀을 따라서 전적으로 순종하는 경우는 극히 드뭅니다. 오히려 하나님을 영화롭게 하며 영원토록 그를 즐거워하여 하나님의 말씀을 따라 순종하기를 원하는 신자들조차도 하나님을 떠나 악을 행하는 것을 흔히 볼 수 있을 정도로 우리의 마음은 타락하여 의를 상실했고, 전적인 선에 무능력한데, 성경은 일관되게 인간의 전적인 부패와 무능을 말합니다.

■ 롬 5:12에서 사도는 사망을 들어오게 한 죄가 누구로 말미암는다고 했으며, 그 죄가 또한 모든 사람이 지은 것이 되는 단적인 근거를 무엇이라 말합니까? [196)]

약 1:14에서 사도는 이르기를 "각 사람이 시험을 받는 것은 자기 욕심에 끌려 미혹됨이니"라고 했는데, 그 말인즉 "누구든지 자기 자신의 욕심에 끌려 유혹에 빠지므로 시험을 당하는 것"이라는 말입니다. 마치 인류의 첫 조상들이 그랬던 것처럼, 죄책은 그들에게 돌려지는 것이며 이후로 모든 인류는 첫 조상들의 범죄 곧 '원죄'(original sin)로 말미암아 미혹되어 실제적인 죄(자범죄)들을 행하는 것입니다. 그러므로 타락 후의 인간은 철저히 죄의 노예로서의 의지 상태(The Bondage of the Will)에 있는 것입니다.

● **복습:** 인간이 타락한 상태의 죄성은 어디에 있는가?

: 인간이 타락한 상태의 죄성은 아담이 범한 첫 죄의 (   ), 창조 때에 부여된 (   )의 상실과 (   )의 부패에 있으니, 이 본성의 부패로 인해 그는 영적으로 (   ) 모든 것들을 행할 (   )을 완전히 잃어버렸고, (   ) 하게 되었으며, 오히려 (   ) 행하게 되고, 아울러 모든 악에 (   ) 계속해서 기울어버렸다. 이를 가리켜 통상 (   )라고 하는데, 그로부터 모든 (   )들이 나온다.

제26문

어떻게 원죄가 우리의 첫 조상으로부터 그들의 후손들에게 전해지는가?

원죄는 **자연적 출생을 통해** 우리의 첫 조상으로부터 그들의 후손들에게 전해졌습니다. 그러므로 그 같은 방식으로 그들로부터 나온 모든 자손들은 **죄 가운데서 잉태**되어 태어난다.

제27문

타락이 인류에게 어떤 비참함을 가져다주었는가?

타락은 인류에게 하나님과의 **교제의 상실**, 그의 **분노와 저주**를 가져왔다. 그리하여 우리는 본질상 **진노의 자녀**이며, 사단에 붙들린 노예이니, 이 세상에서와 다가올 세상에서 모든 형벌을 면할 수 없는 것이 당연하다.

원죄로 인해 철저히 죄의 노예로서의 의지 상태(The Bondage of the Will)에 있는 인간의 부패는 자연적으로 출생하는 모든 인류의 의지를 노예 상태로 이끕니다. 그러므로 인류의 첫 조상들의 부패와 죄의 노예로서의 의지의 상태를 가지고서 태어나는 것이 모든 사람들의 모습입니다.

■ 잠 20:11 말씀은 "아이"들에 대해 뭐라고 말하는가? [197]

■ 요 3:6에서 사도는 육신적인 출생에 대해 무어라 말하는가? [198]

■ 요 3:6에서 언급한 "육신"에 대해, 롬 8:7에서는 어떻게 언급하고 있는가? [199]

■ 갈 5:19-21은 더욱 육신에 대해 무어라 말하는가? [200]

모든 인류와 현대 사회에 이르기까지 사람들은 육체적인 것들을 선호하여 추구하며, 숭상하기까지 하는 것을 볼 수가 있습니다. 그러나 성경은 그처럼 인간 사회가 선호하는 육체적인 것들(육체적인 생각과 욕구)이 근본적으로 부패했음을 분명하게 밝히고 있는데, 한마디로 "자연적 출생을 통해 우리의 첫 조상으로부터" 태어난 모든 자손들이 "죄 가운데서 잉태되어" 태어나는 것입니다. 바로 이러한 죄(원죄) 가운데서 본성적 부패와 모든 실제적인 죄가 행해지는데, 한마디로 모든 인류의 육체적 본성이 부패한 채로 태어납니다.

■ 창 3:8과 이어지는 10 말씀은, 사람이 하나님과의 교제를 상실하게 된 것이 무엇 때문임을 생각하게 하는가? [201]

창 3:23은 "여호와 하나님이 에덴 동산에서 그를 내보내어 그의 근원이 된 땅을 갈게 하시니라"고 했는데, 첫 사람이 그처럼 에덴 동산에서 쫓겨나게 된 것은 이미 그들이 하나님과 교제할 수 없는 상태에 있었기 때문입니다. 즉 그들이 하나님의 금지명령을 어기고서 죄를 범했을 때에, 곧장 그들은 스스로의 부패함을 보게 되었고 하나님을 피해 숨게 된 것입니다. 그러므로 사람을 지으신 하나님의 크고 제일되는 목적에 따라 "하나님을 영화롭게 하며, 영원토록 그를 온전히 즐거워하는 것" 또한 본성적으로 싫어하는(피하여 숨으려 하는) 비참(창조 시에 부여된 목적에서 이탈된 상태)한 지경에 이른 것입니다.

■ 엡 2:2-3 말씀에서 사도는 하나님께서 타락한 인류에게 진노하시는 이유에 관해 무엇을 말해주고 있는가? [202]

■ 하나님과 교제하지 않고 스스로의 힘으로 살아가게 된 사람의 형편에 대해, 창 3:16-19은 어떠함을 깨닫게 하는가? [203]

성경은 일관되게 범죄하여 하나님에게서 스스로 떨어지게 된 인간이 타락하고 부패했음을 가르치는데, 하나님으로부터 지은바 된 인간이 하나님과 따로 떨어지게 됨이 결국에는 얼마나 비참한 것인지를 깨닫도록 합니다.

그러나 우리 주변에서 흔히 볼 수 있는 거의 모든 가치관들은, 그러한 성경의 가르침을 전혀 받아들이지 않고 반대되는 생각과 주장을 하는 것을 볼 수 있습니다. 그리고 그러한 가치관 가운데서 기독교 신앙에 있어서도 하나님의 진노, 저주, 심판, 죄 등에 대해서는 귀를 닫고, 하나님의 자비, 사랑, 긍휼 등에만 귀를 기울이는 인본주의적이고 자유주의적인 신앙이 횡횡해 있는 것입니다.

● **복습:** 어떻게 원죄가 우리의 첫 조상으로부터 그들의 후손들에게 전해지는가?

: 원죄는( )을 통해 우리의 ( )으로부터 그들의 ( )들에게 전해졌습니다. 그러므로 그 같은 방식으로 그들로부터 나온 ( ) 자손들은 ( ) 가운데서 잉태되어 태어난다.

● **복습:** 타락이 인류에게 어떤 비참함을 가져다주었는가?

: 타락은 인류에게 하나님과의 ( )의 ( ), 그의 ( )와 ( )를 가져왔다. 그리하여 우리는 본질상 ( )이며, 사단에 붙들린 ( )이니, 이 세상에서와 다가올 세상에서 모든 ( )을 면할 수 없는 것이 당연하다.

제28문

이 세상 가운데서 받는 죄의 형벌은 어떤 것인가?

이 세상 가운데서 받는 죄의 형벌은 내적인 것과 외적인 것이 있는데, **내적인 형벌**에는 지성의 눈멂, 상실한 마음, 해괴한 망상, 마음의 강퍅, 공포로 가득하게 된 양심, 더러운 정욕에 사로잡힘 등이 있습니다. **외적인 형벌**에는 우리로 인해 피조물들에게 내린 하나님의 저주, 우리의 육신과 명예, 소유, 관계, 노동에 미치는 모든 재앙, 그리고 죽음 그 자체입니다.

원죄로 말미암아 타락한 인간의 상태는 지극히 비참한 것으로서, 영적으로 이미 죽은 상태라 할 수 있습니다. 하지만 현대인들의 신앙에서는 죄와 그로 말미암은 비참에 대해 제대로 이해하고 있는 신자들을 찾아보기 어려운 현실입니다. 그러나 성경을 통해서 죄와 그로 말미암은 비참에 대해 이해하는 것은, 성경의 복음이 제시하는 은혜를 참되게 인식하고 이해할 수 있는 바탕을 이루는 점에서 아주 중요하다 하겠습니다. 왜냐하면 죄와 그로 말미암는 비참을 바탕으로 사람이 받는 죄의 형벌들에 대해서도 심각하게 생각할 수가 있고, 그럴 때에 비로소 우리들은 복음이 제시하는 은혜를 실감하며 참되게 인식할 수가 있기 때문입니다.

사실 현대의 기독교 신앙은 대부분 자유주의적인 신학에 근거해 있음을 부인하기 어려운데, 인본주의적인 자유주의 신학은 인본주의적인 세속문화와 아주 잘 어우러질 수 있기 때문일 것입니다. 현대의 그러한 자유주의 신학에 대해 J.G. 보스와 G.I. 윌리암슨이 지은 『The Westminster Larger Catechism A Commentary』에서는, "① 모든 사람이 본성상 하나님의 자녀라고 가르친다. ② 오직 하나님의 사랑만 말하며, 하나님의 불쾌와 저주는 아예 언급조차 하지 않는다. ③ 우리가 그 죄악성 때문에 하나님의 진노의 대상으로 출생했다는 사실을 부정한다. ④ 우리가 사단의 종노릇 하도록 출생했다는 사실을 인정하지 않는다. ⑤ 죄를 인간적이고 사회적인 개념으로 정의한다."고 함축적으로 설명한 것을 볼 수 있습니다. 바로 그러한 자유주의적인 신학을 바탕으로 하는 것이나 다르지 않은 현대의 대부분의 신앙에서는 인간의 비참과 형벌에 대해 제대로 알지 못하며, 그에 반해 복음의 은혜가 얼마나 놀라우며 풍성한 것인지에 대해서도 그만큼 실감하며 이해하지 못하는 것입니다. 그러므로 단순히 자신들이 하나님의 자녀임을 깨닫는 것만으로도 하나님과의 교제를 회복할 수 있는 것처럼 생각하며, 아울러 하나님 앞에서 여전히 행하는 죄가 하나님의 형벌을 받기에 마땅한 범죄라는 사실을 간과하고 그야말로 값싼 은혜와 복음으로 도피하는 것입니다.

■ 엡 4:18에서 사도는 옛 사람에 해당하는 이방인(그리스도인이 아닌 자)들에 대해 어떤 자들이라 했는가? [204]

■ 엡 4:22에서 사도는 "옛 사람"에 대해 어떤 자들로 표현하고 있는가? 205)

■ 롬 1:18에서 사도는 어떠한 자들에게 "하나님의 진노가" 나타난다고 말하는가? 206)

■ 롬 1:28에서 사도는 또한 "마음에 하나님 두기를 싫어하"는 자들을 하나님께서 어떻게 하셨다 말하는가? 207)

■ 롬 1:29-31에서 "마음에 하나님 두기를 싫어하"는 자들이 그 상실한 마음으로 인해 행하는 일들에는 어떤 것들이 있는가? 208)

■ 살후 2:11에서 사도는 진노의 자녀(타락한 자)들에게 어떤 형벌을 내리신다 했는가? 209)

■ 살후 2:12은 하나님께서 미혹의 역사로 "진리를 믿지 않고 불의를 좋아하는 모든 자들로 하여금" 어떻게 되도록 하신다고 말하는가? 210)

■ 롬 2:5에서 사도는 "마음에 하나님 두기를 싫어하"는 자들의 강퍅하고 회개하지 않는 마음에 대해 어떻게 언급하고 있는가? 211)

이처럼 성경은 타락한 자들이 이 땅의 삶에서 보여주는 온갖 완악과 강퍅에 관해 언급하고 있습니다. 아담 이후로 모든 타락한 자들은 죄를 향하여 그 마음이 기꺼이 방종하며, 진리가 아닌 거짓을 확신하도록 강력한 유혹에 사로잡혀 있는 자들입니다. 그러므로 마음 (양심)이 굳어진 바로와 사울처럼, 회개의 기회조차 도무지 붙잡지 않는 것입니다.

■ 창 4:13에서 동생 아벨을 미워하여 죽인 가인에게 임할 형벌에 대해 그가 보인 태도는 어떠했는가? [212)]

■ 사 33:14은 "시온의 죄인들"이요 "경건하지 아니한 자들"이 보이는 태도에 대해 어떻게 기록하고 있는가? [213)]

사무엘상 15장에서 선지자 사무엘에 의해 아말렉을 진멸하지 아니한 사실을 지적받은 사울은, 여호와 하나님께 지복하기보다 백성들을 두려워 한 탓으로 변명하며 다만 형벌을 두려워하여 피하고자 할 뿐이었습니다. 이처럼 마음이 강퍅해진 사람들은 죄에 대해서는 만족스럽게 여기고 즐거워하면서도 그 죄에 대한 형벌을 두려워할지언정, 하나님께 범죄한 사실에 대해서는 여전히 무신경하거나 중요하게 여기지 않음을 성경 가운데서 익히 찾아볼 수 있습니다.

반면에 삼하 12:10에서 우리아의 아내 밧세바를 범하고, 우리아를

모살한 다윗에게 선지자 나단은 이스라엘의 하나님 여호와의 이르심으로 말하기를 "이제 네가 나를 업신여기고 헷 사람 우리아의 아내를 빼앗아 네 아내로 삼았은즉 칼이 네 집에서 영원토록 떠나지 아니하리라"고 했습니다. 이에 대해 다윗은 나단에게 이르기를 "내가 여호와께 죄를 범하였노라"고 말하는데, 자신에게 임할 형벌에 대해 두려워하기보다 하나님 앞에 범죄 한 사실을 먼저 생각하고 자백한 것입니다. 한마디로 하나님 앞에 지극히 흉악한 죄(출 21:14)를 범함이 들어났을 때에, 그 죄에 대한 형벌을 두려워하기보다 하나님을 거스려 범죄 한 사실을 먼저 떠올리며 회개했던 것입니다. 그러므로 다윗은 사울과 달리 그 마음이 굳어짐 가운데서 형벌로 인한 양심의 공포에 사로잡힌 것이 아니라, 그 마음이 하나님 앞에 녹아져 참된 회개의 태도를 보인 것입니다.

■ 롬 1:24, 26에서 사도는 죄인들이 무엇으로 인해 형벌에 처해지게 됨을 깨닫게 하는가? [214)

■ 창 3:17 말씀은 "땅"(ground or earth)도 누구로 말미암아 저주를 받는다 했는가? [215)

■ 롬 8:19에서 사도가 "피조물이 고대하는 바는 하나님의 아들들이 나타나는 것이니"라고 한 것으로 볼 때에, "피조물"(All this world)들의 현재의 상태가 어떠함을 알 수 있는가? [216)

■ 롬 6:23에서 사도는 사망(죽음)이 무엇의 삯(값)이라 했는가? [217]

롬 6:20에서 사도는 이르기를 "너희가 죄의 종이 되었을 때에는 의에 대하여 자유로웠느니라"고 말하면서, 이어지는 21절에서도 이르기를 "너희가 그때에 무슨 열매를 얻었느냐"고 말하면서 이르기를 "이는 그 마지막이 사망임이라."고 했습니다. 하나님의 요구하시는 바 의에 대해서는 무관심하며, 오히려 죄의 종으로 살아가던 옛 사람의 마지막은 결국 사망의 형벌임을 분명하게 밝히고 있는 것입니다.

● **복습:** 이 세상 가운데서 받는 죄의 형벌은 어떤 것인가?

: 이 세상 가운데서 받는 죄의 형벌은 (   )과 (   )이 있는데, (   )에는 (   )의 눈멂, 상실한 (   ), 해괴한 (   ), 마음의 (   ), 공포로 가득하게 된 (   ), 더러운 (   )에 사로잡힘 등이 있습니다. (   )에는 우리로 인해 (   )에게 내린 하나님의 (   ), 우리의 육신과 명예, 소유, 관계, 노동에 미치는 모든 (   ), 그리고 (   ) 그 자체입니다.

제29문

장차 이를 세상 가운데서 받는 죄의 형벌은 어떤 것인가?

장차 이를 세상 가운데서 받는 죄의 형벌은 하나님의 임재로 말미암는 위로에서의 **영원한 분리**, 육신과 영혼이 꺼지지 않는 지옥 불에서 영원히 받는 **극심한 고통**입니다.

죄의 형벌과 관련해서는 사실 죽음 이후와 장차 이르게 될 세상 가운데서 그 극심함을 인식할 수 있습니다. 아울러 장차 이르게 되는 세상 가운데서 최종적인 판결에 이르게 된다는 점에서, 영원한(eternal) 것 형벌 가운데 놓이게 되는 것입니다. 그러므로 죄의 형벌은 이세상에서보다 장차 이르게 되는 세상 가운데서 더욱 명확하며 최종적일 뿐 아니라, 영원한 형벌이라는 점에서 극심하다 하겠습니다.

그러나 오늘날의 세속적인 가치관 가운데서는 대부분 형벌에 대해서도 이 세상에서의 측면만 인식될 뿐, 앞으로 이르게 될 세상이나죽음 후의 세상에서 이르게 되는 최종적이며 영원한 형벌의 극심한고통에 대해서는 인식 자체를 결여한 경우가 대부분입니다. 그러므로 심지어 이 세상에서 받게 되는 죄의 형벌조차도 내적인 형벌들보다는 외적인 형벌들에 대한 이해 정도가 고작이며, 심지어 그조차도결여되어 있는 경우를 흔히 볼 수가 있습니다.

■ 사람의 영혼은 원래 죽지 않도록 창조되었는데, 죄 가운데서 살아가던 사람은 결국 죽음과 동시에 영혼이 소멸되고 만다고 주장하는 '영혼소멸설'(annihilationism)은 장차 이를 세상 가운데서 받는 죄의 형벌과 관련하여 어떠한 충돌을 발생하게 합니까? [218)

■ 소위 '영혼소멸설'과 관련하여 마 25:41 말씀은 어떠한 증거를 이룹니까? [219)

■ 마 25:40에서 주님께서는 그처럼 영원한 불에 들어가게 되는 형벌이 무엇으로 말미암아 받게 된다고 했습니까? [220)

로마 가톨릭교회에서는 아주 오래전부터 사람이 죽은 후에라도 구원을 얻을 수 있는 기회가 있다고 생각했습니다. 특별히 '잉여공로설'(excess merit)이라는 것을 주장하여, 죽음 이후라도 구원의 가능성이 있다고 보았습니다. 13세기 스콜라 철학의 '공덕의 창고'라는 교리에 의해 수많은 성인(saint)들의 큰 공로들은 자신 뿐 아니라 다른 사람에게까지 구원의 근거를 제공해 줄 수 있다고 생각한 것입니다. 바로 그러한 '만민구제'(restorationism) 혹은 '만민구원'(univer-salism)의 사상들은 '영혼소멸설'과 함께, 죄로 말미암아 영원히 받게 되는 형벌의 교리를 부정하는 대표적인 세속주의적인 사상들이라 하겠습니다.

■ 인간이 하나님의 피조물임을 생각할 때에, 그런 인간에게 있어서 가장 근본적인 형벌은 무엇이겠습니까? [221]

■ 살후 1:9은 "하나님을 모르는 자들과 우리 주 예수의 복음에 복종하지 않는 자들에게" 내리는 형벌에 대해 어떻게 기록하고 있습니까? [222]

마 10:28에서 그리스도께서는 이르시기를 "몸은 죽여도 영혼은 능히 죽이지 못하는 자들을 두려워하지 말고 오직 몸과 영혼을 능히 지옥에 멸하시는 자를 두려워하라."고 말씀하셨습니다. 특별히 하나님께서는 이 땅 가운데서 지니는 몸(육체)만이 아니라 죽은 뒤에도 남아 있는 영혼까지도 멸하실 수 있는 분이신데, 영혼을 지옥에 멸하신다는 말은 '영혼멸절설'에 대한 것이 아니라 영원히 하나님과 분리된 채로 영벌(eternal punishment)을 받게 됨을 말합니다. 피조물인 인간이 영원히 창조주 하나님과 분리되어 형벌을 당하는 것이야말로, 장차 이를 세상 가운데서 받는 파멸의 성격을 단적으로 나타내주는 것이지요.

■ 하나님과 단절된 상황으로써의 형벌에 대해 눅 16:23은 어떤 것으로 언급하고 있습니까? [223]

■ 계 20:14은 최종적인 심판의 고통을 무엇으로 언급하고 있습니까? [224]

■ 계 21:8의 "둘째 사망"의 선포는 누가 하는 선포로서 언급되어 있습니까? [225]

■ 마 10:28은 장차 이를 세상 가운데서 받는 형벌의 극심한 고통을 생각함으로 우리들을 낙망하게 하려는 말씀입니까? [226]

장차 이를 세상 가운데서 당하는 영벌을 생각할 때에, 더구나 육신뿐 아니라 영혼까지도 영벌 가운데서 파멸하게 하실 수 있는 하나님을 두려워함으로 우리의 심령은 하나님을 간절히 바라게 됩니다. 그러므로 그리스도께서 이 땅 가운데 사람의 몸으로 오셨을 때에도 수없이 지옥에 관한 언급들과 경고를 하셨을지라도, 그 가운데서 우리들은 더욱 예수 그리스도를 사모하며 추구하게 되는 것입니다.

● **복습:** 장차 이를 세상 가운데서 받는 죄의 형벌은 어떤 것인가?

: 장차 이를 세상 가운데서 받는 죄의 (   )은 하나님의 임재로 말미암는 위로에서의 (   ), 육신과 영혼이 꺼지지 않는 (   )에서 영원히 받는 (   )입니다.

7
은혜언약

은혜언약이란, 기본적으로 타락하고 부패하게 된 인간에 대한 속죄의 언약을 바탕으로 합니다. 아울러 언약에 있어서 그 성립과 주체가 하나님이시라는 사실이 더욱 명확하게 되는 것이기도 합니다. 즉 삼위일체 하나님 안에서의 언약의 성격으로서, 언약을 체결하는 대표자로서의 성부와 구속된 하나님의 백성들을 대표하는 두 번째 아담으로서의 성자 사이에 맺어지는 언약이 바로 속죄의 언약인데, 이 언약에 있어서 성자(그리스도)는 성부께서 그에게 주신 언약 백성들에 대한 의무를 담당하고, 성부께서는 속죄사역에 요구되는 모든 것들을 성자에게 약속하시는 것입니다. 그렇게 체결된 언약인 속죄의 언약이 바로 은혜언약의 견고한 기초인데, 이러한 은혜언약은 창세 전, 영원한 삼위 하나님의 언약으로서 '평화의 의논'(the counsel of peace)이라 불리는 삼위의 영원한 의논 가운데서 체결된 것입니다.

결국 언약은 창조 후 아담과의 사이에서 최초로 시작된 것이 아니라, 영원 전에 삼위 하나님의 의논에 따라 체결되어 예비된 성격입니다. 만일에 성부와 성자(그리스도) 사이에서 이뤄진 영원한 평화의 의논이 없었다면, 하나님과 사람 사이에도 언약이 성립할 수 없었을 것이 분명합니다. 바로 그 점에서 속죄의 언약은 은혜언약을 성립하게 하는 역할을 하는 것입니다. 즉 시간적으로는 행위언약의 파기로 말미암아 은혜언약이 두 번째로 제시되고 있지만, 그 모든 언약은 이미 영원 가운데서 삼위 하나님 사이에서의 평화의 의논을 통한 구속을 기초로 하는 것입니다.

이러한 이해는 앞에서부터 계속하여 중점을 두고 있는 하나님의 주권을 중심으로 하는 것으로서, 비록 구속의 언약인 은혜언약이 역사 가운데서 행위언약에 대한 인간의 불성실한 행실들 이후에 소개되는 것처럼 보일지라도, 애초에 언약의 제시나 성립 자체가 전적으로 하나님의 주권적인 은혜로서 가능케 되는 것이라는 점에서 그 실효성을 항상 하나님 안에서 찾을 수가 있는 것입니다. 그러므로 행위언약에 이은 은혜언약의 제시는 한마디로, "은혜 위에 은혜"(요 1:16)와도 같은 것이지요. 한마디로 하나님의 작정에서부터 창조, 그리고 섭리와 언약에 이르는 일련의 교리들이 모두 하나님의 자비와 은혜를 기반으로 두고 성립해 있는 것입니다.

제30문

하나님께서는 온 인류를 죄와 비참의 상태에서 멸망토록 버려두셨는가?

하나님께서는 일반적으로 **행위언약**이라 불리는 첫 언약을 깨뜨림으로 인해 **죄와 비참** 가운데서 온 인류가 멸망하도록 버려두지 않으셨습니다. 오히려 하나님께서는 그의 순전한 **사랑과 긍휼**로 택하신 자들을 죄와 비참 가운데서 건져내시며, 일반적으로 **은혜언약**이라 불리는 두 번째 언약에 따라 택하신 자들이 구원에 이르게 하셨습니다.

하나님께서는 언약을 맺음에 있어서 항상 주체이셨습니다. 아울러 태초에 하나님께서는 모든 인류의 대표로 세우신 아담과 '행위언약'(Covenant of Works)이라 불리는 언약을 맺으셨는데, 그것은 하나님께 대한 전적인 순종을 조건으로 영생에까지 이를 수 있도록 계획하신 점에서 '생명언약'(Covenant of life)이라고도 합니다. 그러므로 모든 인류의 대표인 아담이 하나님께 순종하지 못함으로 죄를 범하여 행위언약을 깨뜨림으로 말미암아, 아담 안에서 모든 인류는 죄와 비참의 상태로 떨어지고 말았습니다. 그리고 그것이 하나님께 대한 불순종의 결과라는 점에서 모든 인류는 하나님의 임재 가운데서의 위로에서 떨어져 나간 죄와 비참의 상태에 대해, 아무런 부당함도 주장할 수가 없는 가운데 있었습니다. 한마디로 온 인류에 대한 형벌에 대해, 우리들은 아무런 불평이나 부당함의 주장도 할 수 없었던 것입니다.

■ 하나님께서 그의 피조물인 온 인류와 행위언약을 맺으셔야만 하는 의무나 책임이 있으셨던 것입니까? 227)

■ 하나님께서 그의 피조물인 온 인류와 행위언약을 맺으신 것은, 그 자체로이미 은혜였다고 볼 수 있습니까? 228)

■ 그렇다면 하나님의 피조물인 온 인류는 처음부터 하나님의 은혜에 유일한 소망이 있는 자로 있었던 것입니까? 229)

언약과 관련해서 우리들이 기본적으로 알게 되는 것은 모든 인류가 이 세상과 오는 세상 가운데서 심판과 형벌에 처해지는 것이 당연하며 필연적이라는 사실입니다. 그러므로 은혜언약에 관해 이해하기에 앞서, 우리가 더욱 철저하게 이해해야만 하는 것이 바로 우리 자신의 전적인 부패와 타락에 대한 깊은 자각입니다. 엡 2:2-3절 말씀에 이른 것처럼 우리들은 "불순종의 아들들"이었고, "본질상 진노의 자녀"였던 것입니다.

그러나 온 인류의 타락과 부패는 하나님의 언약에 있어서 간과되었던 것이 전혀 아닙니다. 하나님께서는 행위언약을 통해 생명에 이르도록 계획하셨으나, 온 인류의 대표였던 아담의 불순종의 죄로 말미암은 타락과 부패로 인해 전혀 새롭게 언약을 체결하셔야 했던 것이 아니었습니다. 오히려 하나님께서는 이미 창세전에 행위언약과 더불어 은혜언약까지 모두 계획하시고 준비해 두셨던 것입니다. 그러므로 이 문답의 초반부 구절과 같이 "하나님께서는 일반적으로 행위언약이라 불리는 첫 언약을 깨뜨림으로 인해 죄와 비참 가운데서 온 인류가 멸망하도록 버려두지 않으셨"던 것입니다.

■ 이 문답에서 "온 인류가 멸망하도록 버려두지 않으셨"다는 말은, 결국 모든 인류가 멸망에 이르지 않는다는 말입니까? [230]

■ 살전 5:9에서 말하는 "우리"는 누구를 이르는 말입니까? [231]

■ 결국 은혜언약이라 부르는 두 번째 언약 가운데서 우리들은 "행위"와 관련한 모든 근거나 여지(공로적이라 할 수 있는)를 전적으로 부인하게 되는 것입니까? [232]

■ 롬 3:31 말씀으로 보건데 은혜언약이라 부르는 두 번째 언약으로 구원에 이르는 택하신 자들은, 행위언약에서 요구된 순종에 대해 여전히 부정하는 자들입니까? [233)

우리에게는 이미 은혜 가운데서 제시되었던 언약(행위언약)이 있었지만, 아담 안에서 온 인류가 범죄 함으로 인해 그 언약은 파기되었습니다. 그럼에도 불구하고 또 한 번 제시된 언약(은혜언약)은 그야말로 "은혜 위에 은혜"(요 1:16)라 하겠습니다.

제31문

은혜언약은 누구와 맺으신 것인가?

은혜언약은 두 번째 아담이신 그리스도와, 또한 **그 리스도 안에서** 그의 씨로 **선택된 모든 자들**과 맺 어졌습니다.

하나님의 언약은 항상 대표자(아담)를 통해 맺어졌습니다. 먼저 행위 언약에 있어서, 아담은 모든 인류를 대표하는 자였습니다. 그러므로 행위언약이 파기되고 모든 인류가 죄와 허물로 영벌에 처해져야 마 땅하게 되었을 때에, 하나님께서 이를 간과하지 않으시고 은혜의 언 약을 두 번째로 체결하실 때에도 한 대표자를 세워 주체적으로 언약 을 체결하셨던 것입니다.

■ '아담'(Adam)이라는 이름에는 모든 인류와 관계하여 기본적으로 어떤 의미가 담겨 있습니까? [234]

■ 롬 5:19의 순종하지 아니한 한 사람은 누구를 말하며, 순종하신 한 사람 은 또 누구를 말합니까? [235]

■ 왜 예수 그리스도를 "두 번째 아담"이라고도 부릅니까? [236]

롬 5:18에서 사도는 이르기를 "한 범죄로 많은 사람이 정죄에 이른 것같이 한 의로운 행위로 말미암아 많은 사람이 의롭다 하심을 받아 생명에 이르렀느니라."고 했습니다. 즉 첫 아담은 모든 정죄된 사람들을 대표하는 범죄를 행한 것이며, 두 번째 아담인 그리스도는 모든 의롭다 함을 받아 생명에 이르게 된 사람들을 대표하는 의로운 행위를 하신 것입니다.

그런데 첫 아담의 범죄가 모든 인류를 정죄한 것과는 달리, 두 번째 아담인 그리스도의 의로운 행위는 택함을 받은 소수의 사람들을 의롭게 한 것입니다. 그러므로 롬 5:18에서는 각각을 "많은 사람"이라고 구별하여 기록하고 있습니다.

■ 그렇다면 은혜언약은 행위언약의 파기로 말미암아 비로소 수립된 것입니까? [237]

■ 엡 1:4에서 사도는 "그리스도 안에서" 택하신 자들, 곧 "그리스도 안에서 그의 씨로 선택된 모든 자들"이 언제 택함을 입은 것으로 말합니까? [238]

"그리스도 안에서 그의 씨로 선택"되었다는 말은, 우리가 그리스도를 믿기로 할 때에 선택된다는 의미가 아닙니다. 오히려 선택으로 말미암아 우리가 그리스도를 믿게 되는 것입니다. 그러므로 엡 1:5절에서 사도는 "그 기쁘신 뜻대로 우리를 예정하사 예수 그리스도로 말미암아 자기의 아들들이 되게 하셨"다고 했으니, 창세 전에 그 기쁘신 뜻대로 예정 가운데서 그리스도 안에서 어떤 자들을 그의 씨로 택하신 것입니다. 따라서 그런 하나님의 예정은 행위언약의 파기로 말미암아 나중에 은혜언약이 수립된 것이 아니라는 사실을 알게 합니다.

■ 그렇다면 은혜언약을 성립시키는 선한 행위는 누구의 행위만을 말하는 것입니까? 239)

이사야 53장은 메시야, 곧 그리스도에 관한 말씀인데, 특히 10절은 이르기를 "여호와께서 그에게 상함을 받게 하시기를 원하사 질고를 당하게 하셨은즉 그의 영혼을 속건제물로 드리기에 이르면 그가 씨를 보게 되며 그의 날은 길 것이요 또 그의 손으로 여호와께서 기뻐하시는 뜻을 성취하리로다."라고 했습니다. 즉 그리스도가 감당하는 "의로운 행위"(롬 5:18)에 대해 언급한 것입니다. 그런즉 은혜언약과 관련한 모든 행위들은 오직 택함을 입어 그리스도 안에서 그의 씨로 택함을 받은 모든 사람들을 위해 그리스도께서 행하신 일들을 말하는 것입니다. 그러므로 두 번째 아담이신 예수 그리스도는 택함을 입은 모든(많은) 사람들의 대표이십니다.

이처럼 행위언약과 은혜언약은 공히 하나님의 예정 가운데서 창세전부터 예비 되어 있었습니다. 그러므로 하나님께서는 첫 사람 아담의 타락 후에 곧장 은혜언약을 제시하신 것이 아니라, 구약시대를 넘어서는 긴 역사 가운데서 오래도록 계시로써 믿음 가운데 바라보도록 하셨습니다. 즉 창 3:15에 "여자의 후손은 네 머리를 상하게 할 것"이라는 말씀 가운데서, 앞으로 오실 그리스도께서 사단과 그의 권세를 물리치실 것을 계시하심을 시작으로 수많은 선지자들의 계시(대표적으로 사 53:10-11)를 통해 미리 바라볼 수 있도록 나타내신 것입니다. 따라서 웨스트민스터 대교리문답과 같은 교리의 내용은 하나님의 예정 가운데서 전체적으로 조망하여 이해할 수 있는 '신론적 관점'(Theological view)이 마땅히 요구되는 것입니다. 그런 즉 은혜언약을 포함한 언약의 전반 또한 하나님의 관점에서 이해하여 숙지해야 하는데, 그런 점에서 첫 사람 아담과 맺으신 행위언약에도 불구하고 모든 언약의 주체는 오직 삼위일체이신 하나님께 있는 것입니다. 그런 이해를 전제로 은혜언약의 은혜의 내용과 맥락을 바르게 파악할 수가 있습니다.

● **복습:** 장차 이를 세상 가운데서 받는 죄의 형벌은 어떤 것인가?

: 하나님께서는 일반적으로 (   )이라 불리는 첫 언약을 깨뜨림으로 인해 (   )와 (   ) 가운데서 온 인류가 멸망하도록 버려두지 않으셨습니다. 오히려 하나님께서는 그의 순전한 (   )과 (   )로 택하신 자들을 죄와 비참 가운데서 건져내시며, 일반적으로 (   )이라 불리는 두 번째 언약에 따라 택하신 자들이 (   )에 이르게 하셨습니다.

● **복습:** 은혜언약은 누구와 맺으신 것인가?

: 은혜언약은 (   )이신 (   )와, 또한 (   ) 안에서 그의 (   )로 (   ) 모든 자들과 맺어졌습니다.

제32문

하나님의 은혜가 두 번째 언약에서는 어떻게 나타났는가?

하나님의 은혜가 두 번째 언약에 명시되었으니, 그것은 그가 값없이 죄인들에게 **중보자를 예비**하시고, 그로 말미암아 구원과 생명을 받게 하십니다. 그리고 그들이 중보자와 관계를 맺을 수 있도록 믿음을 요구하시는 바, 택하신 모든 자들에게 **성령을 약속**하시고 주시어, 그들로 믿도록 하고, 다른 모든 은혜들까지 그들에게 베풀어 주십니다. 아울러 그들로 모든 일에 **거룩히 순종할 수 있도록** 하시는데, 이러한 순종은 하나님께 대한 그들의 믿음과 감사함이 진실하다는 증거로서, 이는 하나님이 그들을 구원하시려고 작정하신 방편입니다.

성경에서 언급하는 '은혜'란 기본적으로 그 수혜자에게 받을만한 원인이나 공로가 있기 때문에 부여되는 것이 결코 아니며, 오히려 수혜를 받을 만하지 않은 자임에도 불구하고 부여된 것입니다. 무엇보다 구원에 있어 모든 인류들은 본래 죄로 인해 하나님의 진노와 저주를 받기에 합당한 자들이었을 뿐인 것입니다. 그러므로 하나님의 은혜를 이해함에 있어 먼저 요구되는 것이 바로 우리들 자신이 진노와 저주를 받기에 합당한 죄인이라는 사실에 대한 철저한 인식과 이해인 것입니다. 우리들 자신이 원래 어떤 자들이었는지에 대한 자각과 이해에 따라서, 하나님의 은혜에 대해서도 더욱 풍성하게 실감할 수가 있는 것입니다.

그런데 앞에서 우리들은 이미 "온 인류의 타락과 부패는 하나님의 언약에 있어서 간과되었던 것이 전혀 아니"라는 사실을 알 수 있었습니다. 즉 은혜언약은 행위언약의 파기로 말미암아 급작스럽게 세울 수밖에 없었던 전혀 새로운 언약이 아니라는 것입니다. 오히려 행위언약의 제시 자체도 이미 은혜를 바탕으로 하는 것이며, 이후의 은혜언약은 더욱 은혜에 속한 것이니, 그야말로 "은혜 위에 은혜"로서 제시된 것입니다.

■ 창 3:15에서 "여자의 후손은 네 머리를 상하게 할 것"이라는 말씀의 의미는 무엇입니까? [240]

■ 창 3:15의 하나님은 인류의 죄로부터 택하신 자들을 구원하실 구속자를 곧장 소개하며 등장시킬 것을 말씀하고 있습니까? [241]

■ 사 42:6-7은 택하신 자들을 죄로부터 구원하실 구속자에 관해 어떻게 기록하고 있습니까? [242]

아담의 타락을 기록한 창세기 3장에서 여호와 하나님께서는 아담의 타락 후, 곧장 15절에서 죄로부터 택하신 자들을 구원하실 구속자에 관한 언급을 하셨습니다. 그런데 그러한 구속자의 때는 창세이후로 이사야 선지자와 같은 여러 선지자들을 통해 오시리라고 미리 말씀하심에도 불구하고 신약시대에 이르러서야 비로소 오셨습니다. 그런즉 구속자, 곧 중보자께서는 타락 이후에 비로소 새롭게 예비하신 분이 아니라, 창세 전부터 이미 계획하시고 예비하심 가운데서 오신 분이셨음을 짐작할 수가 있습니다. 즉 은혜언약은 이미 창조 이전에 있었던 하나님의 작정에 의해 예비되어 있었던 것입니다.

■ 요 6:27 말씀에서 주님은 "아버지 하나님께서 인치신 자"에게 무엇을 주리라고 말씀하십니까? 243)

■ 요일 5:12 말씀은 하나님이 우리에게 영생을 주실 때에, 그 "생명"이 누구로 인해 주어진다고 말합니까? 244)

■ 요 6:40에서 주님은 무엇을 아버지 하나님의 뜻이라고 말씀하십니까? 245)

■ 위의 말씀들로 보건데 창 2:9의 "생명나무"란 누구를 예표하는 것이라 하겠습니까? 246)

요 6:48에서 그리스도께서는 "내가 곧 생명의 떡이니라"고 말씀하셨습니다. 또한 51절에서는 이르시기를 "나는 하늘에서 내려온 살아 있는 떡이니 사람이 이 떡을 먹으면 영생하리라 내가 줄 떡은 곧 세상의 생명을 위한 내 살이니라."고 말씀하시어, 자신이 생명의 떡(양식)이심을 명백히 말씀하셨습니다. 그러므로 태초에 에덴동산에 있었던 "선악을 알게 하는 나무"에 선악을 알게 하는 본질이 있었던 것이 아니듯, "생명나무" 또한 그 자체로 영생의 본질이 있었던 것이 아니라 "영생하도록 있는 양식"을 주시는 인자(그리스도)를 나타내는 표(sign)였던 것입니다. 참된 생명, 곧 영생은 오직 구속자이신 예수 그리스도 안에서만 비로소 제공되는 것입니다.

■ 요 3:16 말씀에서 주님께서는 "영생을 얻게" 되는 것의 조건으로 무엇을 언급하십니까? [247)

■ 시 116:10을 인용하는 고후 4:13 말씀에서 "우리가 같은 믿음의 마음(영, "the same spirite of faith" KJV)"을 가졌다는 것은, 결국 영생을 얻게 하는 그리스도에 대한 믿음이 누구로 말미암아 주어짐을 깨닫게 합니까? [248)

■ 갈 5:22-23은 또한 무엇이 성령으로 말미암아 결실하게 되는 것들이라고 말합니까? [249)

■ 택함을 입은 자들에게 약속된 성령님으로 말미암는 믿음에 관해 약 2:26
에서 사도는 어떻게 이르고 있습니까? [250)]

하나님의 '은혜언약'에 있어서 그 적용과 모든 실제는 전적으로 은
혜로써 제공됩니다(엡 2:8은 믿음이 은혜에 의함을 분명히 말합니다). 그
러므로 구속의 은혜는 값없이 죄인들에게 제공되는 중보자로 말미
암으며, 구속의 은혜가 약속된 택하신 자들에게 그 구원은 생명으
로서 제공되었기에 반드시 행실을 수반하게 되는 것입니다. 그러므
로 야고보서에서는 "행함이 없는 믿음은 그 자체가 죽은 것이라"(약
2:17)고 말한 것입니다. 즉 행함으로 믿음이 온전하게 된다는 것이
아니라 오히려 온전한 믿음이 행함으로써 그 살아있는 것을 나타낸
다는 것입니다.

■ 엡 2:10에서 사도는 신자의 "선한 일"(선행)이 어떻게 실행되는 것을 말
합니까? [251)]

■ 롬 6:23에서 사도는 "죄의 삯은 사망이요 하나님의 은사(선물)는 그리
스도 예수 우리 주 안에 있는 영생이니라"고 했는데, 이로 보건데 엡 2:1절
의 "허물과 죄로 죽었던"이라는 말의 "허물과 죄"는 궁극적으로 어떤 죄를
말합니까? [252)]

■ 위의 답변에 근거해 볼 때, 엡 2:10에서 말하는 "선한 일"이란 궁극적으로 무엇을 말하는 것이겠습니까? [253)

■ 겔 36:27 말씀으로 볼 때에, 엡 2:10의 "선한 일"이란 구체적으로 어떤 것입니까? [254)

고전 5:17에서 사도는 이르기를 "누구든지 그리스도 안에 있으면 새로운 피조물이라 이전 것은 지나갔으니 보라 새것이 되었도다." 라고 했습니다. 또한 앞서 15절에서는 이르기를 "그가 모든 사람을 대신하여 죽으심은 살아 있는 자들로 하여금 다시는 그들 자신을 위하여 살지 않고 오직 그들을 대신하여 죽었다가 다시 살아나신 이를 위하여 살게 하려 함이라."고 했습니다. 그러므로 그리스도 안에서 구원에 이를 은혜언약 가운데 들어온 자들인 참된 신자들은 첫 사람 아담 안에서 불순종하는 자들이 아니라, 두 번째 아담이신 예수 그리스도 안에서 순종하는 자들로서 살아감으로, 그 믿음의 진실성을 증거하게 되는 것입니다. 아울러 그러한 신앙과 하나님께 대한 감사는, "하나님이 그들을 구원하시려고 작정하신 방편"으로 예비(약속)되어 제공되는 것임을 은혜언약이 나타내고 있는 것입니다. 한마디로 엡 2:10 말씀에서 명백하게 이른바와 같이 "그리스도 예수 안에서 선한 일을 위하여 지으심을 받은 자니 이 일은 하나님이 전에 예비하사 우리로 그 가운데서 행하게 하려 하심"입니다.

사실 은혜언약은 성경이 나타내는바 "하나님에 관하여" 뿐 아니라 "하나님께서 요구하신 의무"에 관해 깨닫지도 따르지도 못하게 된 자들이, 하나님의 은혜로 말미암아 하나님에 관해서 뿐 아니라 하나님께서 요구하신 의무에 대해서도 적극적으로 행하게 되는 새 생명의 길에 대한 약속으로 되어 있습니다. 그러므로 은혜언약 가운데 있는 백성이 하나님의 요구하시는 의무인 율법에 대한 순종과 열심(헌신)을 보이지 않을 수가 없는 것인데, 그러한 새 생명이 구속자요 중보자로 말미암아 우리에게 적용되는 것입니다.

● **복습:** 하나님의 은혜가 두 번째 언약에서는 어떻게 나타났는가?

: 하나님의 은혜가 두 번째 언약에 명시되었으니, 그것은 그가 (　　　) 죄인들에게 (　　　)를 예비하시고, 그로 말미암아 (　　　)과 (　　　)을 받게 하십니다. 그리고 그들이 중보자와 관계를 맺을 수 있도록 (　　　)을 요구하시는 바, 택하신 모든 자들에게 (　　　)을 약속하시고 주시어, 그들로 (　　　) 하고, 다른 모든 (　　　)들까지 그들에게 베풀어 주십니다. 아울러 그들로 모든 일에 거룩히 ()할 수 있도록 하시는데, 이러한 순종은 하나님께 대한 그들의 믿음과 감사함이 (　　　) 증거로서, 이는 하나님이 그들을 구원하시려고 (　　　) 방편입니다.

'하나님의 주권'(sovereign)

하나님께서 우리와 함께 계시어 모든 선한 열심들을 이루도록 하시는 것처럼, 사도 바울도 친히 성도들의 선한 일들에 앞서 나아가는 자로 있었던 것이다. 하지만 그런대도 사도 바울은 그 모범에 관하여 자신의 열심이라고 말하지 않고, 오히려 "내게 능력 주시는 자 안에서 내가 모든 것을 할 수 있느니라"(빌 4:13)고 말한다. 사 37:32절에서 선지자가 말하는바 "만군의 여호와의 열심이 이를 이루시"는 것과 동일한 말을 한 것이다.

이처럼 개혁신학의 지식(라: cognitio)은 뇌에 저장하는 정보에 불과한 것이 결코 아니다(라: notitia). 오히려 개혁된 신학의 요지는 "살며 기동하며 존재하는"(행 17:28) 것이되, 우리 스스로가 아니라 "그를 힘입어" 실천하는 생명력 있는 것이다. 왜냐하면 "하나님의 말씀은 살아 있고 활력이 있어 좌우에 날선 어떤 검보다도 예리하여 혼과 영과 및 관절과 골수를 찔러 쪼개기까지"(히 4:12)하기 때문이다.

하나님의 말씀은 또한 신자들의 잘못과 게으름을 가만히 두시지 않는다. 오히려 "마음의 생각과 뜻을 판단하나니", 결국에는 "지으신 것이 하나도 그 앞에 나타나지 않음이 없고 우리의 결산을 받으실 이의 눈 앞에 만물이 벌거벗은 것같이 드러나"(히 4:13)고야 만다. 개혁신학의 정보만을 전하며 개혁신학의 정보만을 취하는 회중으로 모인 자들의 마음과 생각과 뜻이 무엇인지, 결산을 받을 때가 분명히 기다리고 있는 것이다.

무엇보다 개혁신학의 온갖 지식(정보)들을 흘릴 뿐 한 발짝도 몸소 나아가 보여주지 않는 자들의 허황된 불신앙이야말로 "우리의 결산을 받으실 이의 눈 앞에…벌거벗은 것같이 드러나"고 말 것임을, 하나님의 주권적인 말씀은 지금도 여전히 선포하고 있다.

제33문

은혜언약은 언제나 동일한 방식으로 시행되었는가?

은혜언약은 언제나 동일한 방식으로 시행되지 않았습니다. 구약에서의 은혜언약의 시행은 신약시대의 그것과는 **달랐습니다.**

구약시대는 여호와 하나님께서 율법을 지켜 행하도록 요구하셨으니, 그것을 통해(율법에 대한 순종을 통해) 의에 이르러 구원을 얻도록 하셨기 때문이라고 하는 잘못된 견해가 있습니다. 아울러 사람이 그처럼 제시된 율법을 통해 의를 행하여 구원에 이르지 못하자, 신약시대에 이르러서는 예수 그리스도를 믿는 믿음으로 구원에 이르도록 하셨으니, 이제는 예수 그리스도를 믿기만 하면 누구든지 구원에 이르도록 그 요구가 대폭 완화된 것이라고 말하기도 합니다. 한마디로 구약은 율법의 시대, 신약은 은혜의 시대로 각각 다르다고 생각하는 것입니다. 그러한 생각 가운데서는 계시가 시대에 따라 항상 변화하는 것이라는 입장이 전제됩니다.

■ 고후 3:6에서 사도는 그리스도께서 우리를 어떤 일꾼 되기에 만족하게 하셨다고 말합니까? [255]

■ 고후 3:6의 "새 언약"이라는 말은, 그것이 기본적으로 옛 언약과 다른 언약이라는 사실을 전제하는 것이 아닙니까? [256)]

■ 그렇다면 새 언약과 옛 언약은 분명 다른 것이니, 옛 언약의 시대인 구약의 시대가 율법의 시대이고 새 언약의 시대인 신약의 시대는 은혜의 복음의 시대라고 생각할 수 있겠습니까? [257)]

흔히 율법이라고 하면 모세가 시내산에서 받은 두 돌판에 새겨진 십계명을 떠올리는데, 하나님께서 명하신 계명이라는 성격상 그것은 이미 창세 때에 아담에게 요구되었던 명령들(생육하고 번성하라는 것과 선악을 알게 하는 나무의 열매를 먹지 말라는 것) 가운데서 이미 제시되었습니다. 그러므로 아담이 하나님의 금지하신 명령에 불순종했을 때에 이미 율법의 요구를 사람이 만족시킬 수 없게 되었던 것입니다. 또한 이후의 구약시대가 전부 율법의 시대인 것이 아니며, 오히려 아담의 타락 이후로 모든 구약의 시대가 이미 은혜언약의 시대였다고 보아야 하는 것입니다.

■ 그렇다면 구약의 시대에나 신약의 시대에나 은혜언약은 항상 동일한 방식이었다는 말입니까? [258)]

■ 고후 3:3은 "새 언약"을 어떤 방식으로 구별하고 있습니까? [259]

구약시대 제사의 희생제물들이 나타내는 바와 같이, 구약시대의 예법들 대부분이 사실은 그리스도의 구속을 예표적(Symbolic)으로 바라보도록 한 것이었습니다. 그러므로 구약시대에도 언약은 이미 은혜언약으로서 동일하게 제시되었어도, 그 실행과 양상에 있어서는 신약시대와는 다른 방식이었음이 분명합니다. 왜냐하면 예수 그리스도의 구속 이후로 신약시대에는 모든 예표들(그리스도를 예표하는 의식법들)이 모두 폐기되었기 때문(히 7:18)입니다.

■ 그렇다면 "구약은 율법의 시대, 신약은 은혜의 시대로 각각 다르다"고 생각하는 것과 "구약에서의 은혜언약의 시행은 신약시대의 그것과는 달랐"다고 하는 것에는 어떤 차이점이 있습니까? [260]

웨스트민스터 신앙고백 제1장 2항에서 언급하는 바와 같이 우리들은 모든 신앙과 생활에 있어 유일한 최고의 규범은 오직 성경에 있습니다. 그러므로 은혜언약의 개념 또한 성경에서 산출한 것이며, 그 실행되는 양상 또한 성경에 근거해서만 파악해야 하는데, 성경에는 분명 구약과 신약에서 은혜언약이 각각 다르게 시행되는 것으로 기록하고 있습니다.

사실 구약의 백성들이 율법을 준행하는 것으로 의에 이르러 구원을 얻을 수 있었다는 생각은, 전혀 성경에 근거하는 것이 아닙니다. 오히려 성경은 구약의 백성들, 곧 믿음의 선진들도 믿음으로써 증거를 얻었다고 말합니다(히 11:1-2). 아울러 "증거를 받았으나 약속된 것을 받지 못하였"(히 11:39)다고 했으니, 은혜언약의 양상에 있어서 분명 구약시대와 신약시대는 구별이 있었던 것입니다. 하지만 은혜로 말미암는 믿음으로서는 그 맥락이 동일하다는 사실을 히브리서의 사도는 분명하게 말하고 있으니, 은혜언약의 본질에 있어서는 통일되며, 하나님께서는 태초부터 마지막 때에 이르기까지 그의 모든 계획(작정)과 경륜들에 있어서 변함이 없으신 신실하신(동일하신) 분이십니다.

믿음의 '시선'은 어디까지인가?

갈 3:7절에서 사도바울은 율법의 행위에 미혹된 갈라디아 사람들에게 이르기를 "그런즉 믿음으로 말미암은 자들은 아브라함의 자손인 줄 알지어다."라고 말하는데, 이는 6절이 이른 것처럼 아브라함을 의롭다고 하신 것은 그가 하나님을 전적으로 믿은 것을 그의 의로 정하셨기 때문이다. 그러므로 그는 믿음의 조상이요, 믿음으로 말미암은 자들의 복이라고 9절에서 말한 것이다.

그러나 아브라함은 사실 믿음을 기대할만한 인물이 아니다. 수 24:2절에 따르면 아브라함의 아버지 데라는 강 저쪽, 곧 갈대아 우르에서 다른 신들을 섬기던 사람이었으니, 당연히 아브라함 또한 우르의 이방신을 섬기던 사람이었기 때문이다. 더구나 그는 칠십오 세가 될 때까지 우르에서 이방신을 섬기던 우르문화에 젖어있는 사람이었다. 제정일치적인 고대문명 우르에서 이방신을 섬긴다는 것은, 단순히 종교생활 뿐 아니라 모든 삶의 가치관이 우르문명에 젖어들었다는 증거인 것이다.

그런데 창세기 12장은 그런 아브라함에 대한 여호와 하나님의 부르심과 관련하여, 아브라함의 구체적인 반응이나 경험한 바에 대한 어떤 언급도 없다. 어찌 보면 우르문화에 절어있는 아브라함이 여호와 하나님의 황당한 부르심에 순종했다는 것이야말로 황당하기 짝이 없는 일이다. 요즘으로 치면 생짜 초신자가 목사도 잘 하지 않는 순종을 한 것이나 마찬가지이니 말이다. 이에 대해 히 11:8절에서 사도바울은 아브라함이 "갈 바를 알지 못하고 나아갔"다고 했는데, 그 말은 그가 어디로 가는 것인지 목적지에 대한 정보가 없었다는 말이다. 더군다나 칠십오 세의 늙은 나이에 고향땅과 친척들과 아버지의 집을 떠난다는 것은 고대 중근동에서는 심히 이례적인 일이었다. 그런 순종을 얼마 전까지 이교도였던 자가 단행한 것이다.

그러나 아브라함에게 있어 가장 놀라운 것은 칠십오 세(창세기 11장의 족보는 아브라함 시절에 대부분 삼십대에 자손을 가졌다고 기록했으니, 칠십오 세의 나이는 이미 자손이 장성한 뒤의 노인의 나이다) 이후로 백세를 더 향유했지만, 칠십삼 세 이후 백칠십오 세로 죽을 때까지 "너로 큰 민족을 이루고 네게 복을 주어 네 이름을 창대하게 하리니 너는 복이 될지라."는 여호와 하나님의 말씀은 아무런 성취의 증거도 없었다는 사실이다. 물론 부르신 뒤에 이십오 년이 지나서 아들 이삭을 얻었지만, 그 자신은 고사하고 아들 이삭의 때에도 손자 야곱의 때에도 그의 가족들은 민족이라 할 수 없이 적었고, 그의 이름이 창대하지도 못했던 것이 실상이다. 아마도 그의 친척들이 멀리 우르에서 가끔씩 접하는 아브라함에 대한 소식은, 아직도 갈 바를 알지 못하고 이방인 유랑자로 떠돌고 있더라는 소식이 전부였을 것이다.

하지만 갈라디아서 3장과 히브리서 11장에서 사도바울은 그런 아브라함이 큰 민족을 이루고 그 이름이 창대하며 무엇보다 복(혹은 복의 근원)인 것은, 하나님께서 그가 믿은 것을 의로 삼아서 이후로 모든 믿는 자들(창세기 11장의 셈족 계보만이 아니라 땅의 모든 자들)의 조상으로 삼으셨다고 말한다. 그러므로 믿음 안에서 지금 우리들도 아브라함의 자손이라고 갈라디아서 3장에서 사도는 말한 것이다.

이처럼 아브라함의 믿음의 시선은 이미 갈대아 우르에서 하나님의 부르심을 입었을 때부터 이삭을 넘어서 야곱, 현재의 우리들에 이르기까지 멀고도 먼 곳을 향하여 있었던 것이다. 때문에 "갈 바를 알지 못"했다는 사도바울의 표현은, 아브라함 당시의 땅이 아브라함의 목적지가 아니었음을 암시하는 표현이다. 그 당시의 중근동(the Middle and Near East) 어디도 그가 당도할 목적지가 아니었던 것이다. (중략)

제34문

구약시대에 은혜언약은 어떻게 시행되었는가?

구약시대에 은혜언약은 약속, 예언, 제사, 할례, 유월절, 그리고 다른 **예표**들과 **규례**(법령)들로 시행되었는데, 그것들은 모두가 장차 오실 **그리스도를 예표**하는 것으로, 그때에도 택함을 입은 사람들로 약속된 메시아에 대한 믿음을 일으키기에 충분했으며, 그에 의해 완전한 사죄와 영원한 구원을 얻었습니다.

신자들의 신앙에 있어서 언약이란, 기본적으로 볼 때에 전적으로 '은혜언약'(Covenant of grace)만이 적용됩니다. 첫 사람 아담은 신자들 가운데서 유일하게 '행위언약'이 적용될 수 있었지만, 그가 타락함으로 언약의 요건에 부족하게 되었을 때 이후로 모든 인류에게는 행위언약이 적용될 수 없게 된 것입니다. 오히려 행위언약을 파기한 죄책과 형벌만이 모든 인류에게 부과될 뿐이었지요. 그러므로 그 실행에 있어서는 구약시대와 신약시대가 각각 다르다 하더라도, 항상 동일한 은혜언약만이 모든 신자들(택함을 입은 자들)에게 제시되었던 것입니다.

■ 결국 구약의 백성들 가운데서 택함을 입은 자들을 의롭다 칭하고 구원하는 것은 율법의 행위가 아니라 은혜였습니까? [261]

■ 그렇다면 왜 언약에 있어서 구약시대의 방식은 신약시대의 방식과 달랐던 것인지, 제34문답의 내용 가운데서 제시해봅시다? 262)

■ 제34문답에서 언급하는 예표들에는 어떤 것들이 있습니까? 263)

■ 히 9:10에서 사도는 구약의 모든 예표들에 대해 무엇이라고 말하고 있습니까? 264)

성경에 기록된 구약의 제사와 예법들, 그리고 믿음의 인물들(선진들)은 예수 그리스도를 믿음 가운데서 드러내며 바라보는 것으로서의 의미를 지녔습니다. 특별히 아브라함에 대해 여호와 하나님께서 이르신 "땅의 모든 족속이 너로 말미암아 복을 얻을 것이라"(창 12:3)는 말씀은, 예수 그리스도를 믿는 믿음 안에서 이방의 족속들까지 포괄하는 것이라고 이해합니다.

■ 히 11:39-40에서 사도는 구약의 수많은 믿음의 선진들이 그 시대에 있었던 예표들을 통해 온전히 죄를 씻고 영원한 구원을 얻은 것이 아니었다는 말입니까? [265)]

■ 히 11:6 말씀은 히브리서 11장에서 언급하는 모든 구약의 선진들이 보인 믿음이 온전했음을 말하는 것입니까? [266)]

로마 가톨릭교회에서는 오래도록 '연옥'(purgatory)이라는 곳이 있음을 주장해 왔는데, 심지어는 구약시대의 성도들이 그리스도께서 십자가에 달리시어 구속을 성취하시기까지 완전하게 죄를 씻지 못하고 그 곳(연옥)에 머물러 있었다고 주장하기도 했습니다. 그러나 선악을 알게 하는 나무에 선악의 실체가 담겨 있었던 것이 아니라도 그것을 먹지 말라고 하신 하나님의 말씀을 따라 순종하는 한 그것은 여전히 선악을 구별하는 유효한 표상이었던 것처럼, 구약의 예표들 또한 그들의 죄 사함과 영생의 소망에 관한 유효한 표식이었습니다. 따라서 히브리서 11장에서 사도는 모든 진술들에 앞서 1절에서 "믿음은 바라는 것들의 실상이요 보이지 않는 것들의 증거니"라고 했고, 2절에서 더욱 이르기를 "선진들이 이로써 증거를 얻었느니라."고 한 것입니다. 그런즉 구약의 모든 은혜언약의 예표들과 규례들도 죄 사함과 구원의 효력이 있었던 것입니다.

● **복습:** 구약시대에 은혜언약은 어떻게 시행되었는가?

: 구약시대에 은혜언약은 (   ), 예언, (   ), (   ),
(   ), 그리고 다른 (   )과 (   )로 시행되었는데,
그것들은 모두가 장차 오실 (   )를 예표하는 것으로, 그때에도
(   )로 약속된 메시아에 대한 (   )을 일으키기에
(   )했으며, 그에 의해 (   )와 (   )
을 얻었습니다.

'마지못해' 내는 헌금과 '즐겨' 드리는 헌금

자본주의 사회이건 공산주의나 사회주의 사회이건 간에, 돈[재물]은 항상 귀중히 여김을 받는다. 심지어 동서고금을 막론하고 돈이 천시되었던 역사는 찾아보기가 어렵다. 구지 화폐가 아니더라도, 재물에 해당하는 여러 재화들에 사람들은 큰 가치를 부여해 왔다. 그런즉 동서고금의 어느 사회나 역사에서건 재물은 '보물'(treasure)로서 사람들의 마음을 사로잡아 온 것이다. 그런데 '금은보화'로 칭하는 모든 보물들은 공히 물질(matter)에 해당하는 것으로서, 그 자체로 그 가치를 발휘하는 것이 아니라 그것의 사용을 통해 비로소 진가를 드러내는 것들이다. 예컨대 값진 금이나 보석 혹은 목 좋은 곳의 부동산이라 하더라도, 그것이 부귀영화를 누릴 수 있도록 사용됨으로서 비로소 그 진가를 발휘하는 것이다. 그러므로 일 톤(ton)의 금괴를 집안에 쌓아 두어도, 그것이 화폐와 같이 통용되어 또 다른 재화(Goods)나 용역(service)으로 변환될 때에야 비로소 그 의미를 지니는 것이다. 물론 그 의미가 너무도 명백하기 때문에 구지 통용하지 않는다고 해도, 그 자체로 휘황한 광채를 발산하기는 하지만 말이다. 어쨌거나 분명한 사실은, 보물이 쌓여 있는 곳에는 자연스레 사람들의 마음이 집중되게 마련이다. 아주 적은 수의 사람만이 '황금을 보기를 돌같이' 여길 수 있을 분이고, 대부분의 사람들은 자신만의 보물을 쌓아 둔 곳에 항상 마음과 의식이 닿아 있는 것이다. 마 6:21절에 기록된 "네 보물이 있는 곳에 네 마음도 있느니라."는 말씀은, 한마디로 만고불변의 진실(truth)인 것이다.

그러나 하늘(Heaven)은 물질적인 요소로 구성되어 있지 않으며, 오히려 무형의 가치와 개념들 가운데서 파악할 수 있는 곳이다. 즉 지상의 가시적인(visible) 성격과 달리, 하늘은 비가시적인(invisible) 성격을 지니고 있는 것이다. 그러므로 이 땅의 가시적인 물질의 가치가 어떻게 해서 비가시적인 하늘의 가치로서 발휘될 수 있는지 또한 비가시적인 전환을 통해서 비로소 입증이 가능하다. 예컨대 마가복음 12장에서 가난한 과부가 낸 두 렙돈의 연보와, 부자가 낸 한 고드란트의 연보의 가치는 가시적이고 물질적인 가치로서는 전혀 비교조차 될 수 없는 것이나, 다만 비가시적인 가치로서 부자는 풍족한 것 가운데 일부를 내어놓은 평범한 연보인데 반해 가난한 과부는 "자기의 모든 소유 곧 생활비 전부를"(44절) 드리는 참으로 귀한 연보임이 밝혀지는 것이다. 무엇보다 이러한 비가시적인 개념에서의 가치기준에서 볼 때에, 마 23:23절에서 주님이 언급하신 서기관들과 바리새인들의 "박하와 회향과 근채의 십일조"는, 십일조의 개념이 결코 산술적인 가치계산의 기준이 아님을 시사한다. 서기관들과 바리새인들이 박하와 회향 그리고 근채의 십일조를 드렸다는 말은 그들 소득의 사소한 것에 이르기까지 십일조로 계산하여 연보를 드릴만큼 철저하게 연보를 드렸다는 말이지만, 그럼에도 불구하고 그것에는 더욱 중요한 비가시적인 가치들이 담겨있지 않았다는 말이다. 쉽게 말하자면, 어떤 목사가 자신의 교회에서 받는 사례 뿐 아니라 여기저기서 강연을 통해 지급받은 사례나 저술활동을 통해 얻은 인세수입까지도 철저히 십일조를 계산하여 드렸음에도 더욱 중요한 비가시적인 연보의 요소를 내포하지 않은 헌금생활을 해왔음을 지적하신 것이다. 그리고 그러한 비가시적 연보의 요소를 마 23:23절은 "율법의 더 중한 바 정의와 긍휼과 믿음"이라고 언급하셨다. 특별히 예수께서는 그 말씀 가운데서 이르시기를, "그러나 이것도 행하고 저것도 버리지 말아야 할지니라."고 말씀하셨다. 즉 가시적인 재물의 십일조도 버리지 말고, 비가시적인 정의와 긍휼과 믿음도 버리지 말아야 한다고 이르신 것이다. 그런즉 십일조 연보보다 긍휼과 믿음의 정신이 더욱 중요한 것이 아니라 십일조에 긍휼과 믿음이 함께 더해지도록 하는 것이 중요하다. 아울러 마 5:17-20절에서 예수께서는 분명히 이르시기를 율법을 폐하려 온 것이 아니라 온전케 하시려고 오셨다고 했으니, 구약시대의 율법에 규정한 십일조 또한 신약시대에 폐해진 것이 아니라 진정으로 "정의와 긍휼과 믿음"을 보이시고 행하신 그리스도의 율법의 순종 가운데서 온전하고도 여전하게 전수되어 있는 것이다. (중략)

제35문

신약시대에 은혜언약은 어떻게 시행되었는가?

실체이신 그리스도께서 나타나셨던 신약시대에는, **동일한 은혜언약**이 말씀의 **설교, 세례**와 **성찬**이라는 성례로 시행되었으니, 앞으로도 계속 시행되어야 합니다. 그것들을 통해 은혜와 구원은 모든 민족들에게 더욱 충만하고 분명하며 효과적으로 제시됩니다.

언약에 있어서 '행위언약'이 사람에 대해 제시되었던 것은 태초의 아담이 유일했습니다. 그러므로 엄밀한 의미에서 행위언약은 구약시대에 제시되었던 율법(십계명과 이후의 모든 계명들)에 조건적으로 적용되는 것이 아니며, 오히려 창세기 3장 이후의 모든 구약시대가 은혜언약의 시대입니다.

그런데 은혜언약에 있어서 구약시대의 언약의 실행방식과 신약시대의 언약의 실행방식이 또한 구별됩니다. 그러므로 옛 시대와 달리 "새 언약"이 적용된 시대를 가리켜 신약시대라 하는 것입니다.

■ 제35문답에서는 은혜언약에 있어 신약시대의 방식을 무엇이라고 말합니까? [267)](267)

■ 제35문답에서는 '실체'(substance)로서의 은혜언약에 대해 예표로서의 은혜언약은 전적으로 다른 것이고 말합니까? [268)](268)

■ 고후 3: 10-11에서 사도는 은혜언약에 있어서 구약과 신약의 통일성에 대해 어떻게 설명합니까? [269)](269)

■ 고후 3:10-11에서 사도는 새 언약인 은혜언약이 어떤 점에서 옛 언약과 다름을 설명합니까? [270)](270)

언약에 있어서 은혜언약의 시행은 이미 아담의 범죄 직후부터 시행되었다가, 예수 그리스도께서 십자가에 달려 죽으시고 부활하심으로 폐지되었습니다. 그러나 동일한 은혜언약이 예수 그리스도의 죽으시고 부활하신 이후로는 "새 언약"으로서 동일하게, 그러나 더 크고 더 나은 것으로 마지막 심판의 날까지 존속하게 되었습니다. 그러므로 옛 언약의 시대인 구약시대와 구별하여 신약시대라 일컫습니다.

■ 그렇다면 구약시대의 제사, 할례, 유월절과 여러 예표들과 규례들의 시행에 해당하는 신약시대의 시행에는 어떤 것들이 있다고 제35문답은 말합니까? 271)

■ 그렇다면 구약시대의 여러 예표들과 규례들의 실체가 신약시대에 시행하는 말씀의 설교와 성례(세례와 성찬)라는 것입니까? 272)

히 9:20에서 사도는 모세가 율법대로 모든 계명을 온 백성에게 말한 후에 뿌린 피에 대해 이르기를 "언약의 피"라고 했습니다. 그러나 히 10:1에서 사도는 언약의 피를 뿌리도록 한 "율법은 장차 올 좋은 일의 그림자일 뿐이요 참 형상이 아니"라고 했는데, 고후 4:4에서 "그리스도는 하나님의 형상이니라"고 한 것에서 알 수 있듯이 "참 형상"은 곧 그리스도이십니다. 따라서 구약의 모든 그림자들의 실체가 바로 그리스도이시며, 신약시대에 시행되는 모든 규례(예법)들의 실체 또한 그리스도이십니다.

■ 고후 3:11에서 말하는 "없어질 것"과 "길이 있을 것"은 각각 무엇을 말하는 것입니까? [273)]

■ 고후 3:7-8은 "죽음의 직분"(the ministration of death)과 "영의 직분"(the ministration of spirit) 중 어느 것이 더 나은 것으로 말합니까? [274)]

고후 3:6에서 사도는 이르기를 "율법 조문은 죽이는 것이요 영은 살리는 것이니라"고 했는데, 이는 벧전 2:24의 "이는 우리로 죄에 대하여 죽고 의에 대하여 살게 하려 하심이라"는 말씀과 같은 맥락을 기록한 것입니다. 즉 옛 은혜언약의 시행방식인 율법 조문은 우리를 죄로 인해 죽음의 판결에 이르게 하는 것이며, 새 언약의 시행방식인 "영"(마음판에 쓴 것)은 생명에 이르게 하는 것입니다. 이처럼 구약에서의 은혜언약의 시행과 신약에서의 은혜언약의 시행은 현격한 (더 나으며 효력 있는) 차이를 지닙니다.

■ 고후 3:3의 "육의 마음판에 쓴 것"을, 히 8:10에서는 어떻게 언급하고 있습니까? [275)]

■ 히 8:6에서 사도는 새 언약(new testament)에 대해 어떻게 표현하고 있습니까? 276)

히 8:7절에서 사도는 6절에서 말한 "더 좋은 언약"에 관하여 언급하기를 "저 첫 언약이 무흠하였더라면 둘째 것을 요구할 일이 없었"을 것이라고 말합니다. 그리고 옛 언약에 비해 새 언약의 더 나음에 관해 구약성경 렘 31:31 이하의 말씀을 그대로 인용하며 이르기를 "그들이 작은 자로부터 큰 자까지 다 나를 앎이라"고 했습니다. 그러므로 옛 언약에 비해 새 언약은 더욱 효과적인 방식으로 시행됨을 알 수가 있습니다.

■ 요 4:24에서 예수 그리스도께서는 옛 언약의 시행방식인 장소("예배할 곳" 요 4:20)에 머물러 있는 사마리아 여인에게 어떤 예배를 말씀하셨습니까? 277)

■ 요 4:21의 "이 산(그리심 산)에서도 말고 예루살렘에서도 말고 너희가 아버지께 예배할 때가 이르리라"는 말씀으로 보건데, 새 언약 아래서의 규례들은 더욱 크고 넓게, 그리고 효과적으로 전개되는 것입니까? 278)

구약시대의 은혜언약의 시행은 무수히 많은 종류와 실례(實例)들에도 불구하고 주로 이스라엘에 국한되어 있었습니다. 하지만 새 언약의 시대인 신약시대의 은혜언약은 그 시행에 있어 더욱 효과적일 뿐 아니라, 더욱 광범위하게 확산되었습니다. 그러므로 신약시대의 은혜언약은 각 나라와 족속들의 경계를 넘어 모든 인류에 이르도록 광범위하게 선포된 것입니다.

■ 그렇다면 구약시대의 은혜언약의 시행에 있어서의 무수히 많은 종류와 실례들은 신약시대에는 더욱 많아진 것입니까? [279]

히브리서 9장에서 사도는 첫 언약의 섬기는 예법들에 관해 세세히 언급한 뒤, 10절에서 이르기를 "이런 것은 먹고 마시는 것과 여러 가지 씻는 것과 함께 육체의 예법일 뿐이며 개혁할 때까지 맡겨 둔 것이니라."고 말합니다. 그리고 11절과 12절에서 이르기를 "그리스도께서는 장래 좋은 일의 대제사장으로 오사…단번에 성소에 들어가셨느니라."고 했습니다. 이처럼 구약시대의 은혜언약의 율례들 가운데서의 수많은 예법들과 제사들은, 예수 그리스도께서 단번에 이루신 "영원한 속죄"로 말미암아 없어지게 되었고, 오직 은혜언약의 실체이신 예수 그리스도를 나타내는 간단한 성례(세례와 성찬, 이것은 모두 그리스도께서 제정하시고 시행하신 것들이다)와 말씀의 선포만으로 개혁되었습니다. 이는 마태복음의 마지막 두 구절에서 명확히 말씀하신 것으로, 마 28:19-20에서 그리스도께서는 이르시기를 "너희는 가서 모든 족속을 제자로 삼아 아버지와 아들과 성령의 이름으로 세례(성찬과 함께 성례)를 베풀고, 내가 너희에게 분부한 모든 것을 가르쳐 지키게 하라(말씀의 선포)"고 말씀하시며 이르시기를 "내가 세상 끝날까지 너희와 항상 함께 있으리라."는 은혜로운 약속(언약)을 주셨습니다. 그러므로 마지막 심판의 날까지 그러한 은혜 언약의 시행이 계속 유지되는 것입니다.

● **복습:** 신약시대에 은혜언약은 어떻게 시행되었는가?

: 실체이신 그리스도께서 나타났던 신약시대에는, (   ) 은혜언약이 (   ), (   ) 와 (   )이라는 성례로 시행되었으니, 앞으로도 계속 시행되어야 합니다.
그것들을 통해 (   )은 모든 (   )에게 더욱 충만하고 분명하며 (   )으로 제시됩니다.

해답

1. 근원적 교리 (1~5문답)

1) 하나님을 기준으로 하는 것입니다. 왜냐하면 하나님께서는 창조주이시기 때문입니다.

2) 타락으로 인해 모든 가치와 사고의 기준이자 근거이신 하나님에게서 멀어졌기 때문입니다.

3) 하나님에게서 알 수 있는데, 그것은 성경에 기록되어 항상 알 수 있도록 되어 있습니다.

4) "여호와로 말미암아 즐거워하며 나의 구원의 하나님으로 말미암아 기뻐하리"라고 했습니다. 특별히 그는 17절에서 모든 소유를 잃는 상황에 처해서도 그렇게 하리라고 말함으로써, 인생의 진정한 즐거움과 기쁨 즉, 행복이 하나님께 있음을 드러내 보이고 있는 것입니다.

5) "하나님을 알만한 것이 그들 속에 보임이라"고 했으니, 이는 곧 사람들의 양심(혹은 이성)을 일컫는 것입니다.

6) 하나님을 영화롭게 하는 것과 하나님께 감사하는 것입니다.

7) "그가 만드신 만물에 분명히 보여 알려졌"다고 했는데, 이는 곧 인간의 이성 뿐 아니라 특별히 모든 자연세계 가운데서 하나님이 분명히 알려진 것을 말합니다.

8) "어리석은 자"입니다.

9) '양심의 법'입니다. 하나님의 율법을 모르는 자들에게도 양심의 증거에 따라 그 마음에 새긴 율법의 행위(율법의 일)를 하도록 한다고 말한 것입니다.

10) 충분하지 않습니다. 롬 1:18-23절은 그처럼 양심과 피조된 자연만물 가운데 핑계할 수 없을 만큼 하나님을 알만한 것이 보여졌지만, 그럼에도 불구하고 불의하고 경건치 않은 자들이 있음을 말하고 있다고 했습니다.

11) "하나님을 알되 하나님을 영화롭게도 아니하며 감사하지도 아니"한다고 하여 자연과 본성을 통해서는 하나님을 온전히 알고 온전한 목적을 이루지 못함을 말합니다.

12) 불가능합니다. 롬 1:18-23절은 이를 생생하게 언급하고 있습니다.

13) 우리들 스스로는 이제 불가능합니다.

14) 성경을 통해서만 비로소 알 수가 있습니다.

15) 20절에서 말한 "성경의 모든 예언"입니다.

16) "사람의 뜻으로 낸 것이 아니요 오직 성령의 감동하심을 받은 사람들이 하나님께 받아 말한 것임

이라"고 했습니다.

17) 그렇지 않습니다.

18) "듣는 자가 믿음과 결부시키지 아니함이라"고 했습니다. 즉 같은 성경을 보아도 어떤 사람은 그것을 통해 믿음을 얻는가 하면 어떤 사람은 전혀 믿음을 갖지 못한다는 것입니다.

19) "우리 주 예수 그리스도의 하나님, 영광의 아버지께" 돌리고 있습니다.

20) "하나님의 선물이라"고 했습니다.

21) 하나님께서 눈을 열어주시지 않으시면 사람들은 오히려 율법(성경)을 이상히 여길 뿐입니다.

22) 순결(순전)하다 했습니다. 성경은 어떤 사사로운 의도나 변수도 포함하지 않은 순전한 하나님의 말씀이기 때문에 전적으로 신뢰할 만한 것이며 온전한 것입니다. 시 12편은 이러한 사실을 전적으로 기록하고 있습니다.

23) "심히 순수하"다고 했습니다.

24) 예수 그리스도이십니다. 구약의 여러 기록들이 일관되게 예수 그리스도를 나타내며 예시하고 있음을 행 10:43절은 생생히 증언하고 있습니다.

25) 23절에서 말한 "그리스도가 고난을 받으실 것과 죽은 자 가운데서 먼저 다시 살아나사 이스라엘과 이방인들에게 빛을 전하시리라 함"입니다.

26) "선지자들과 모세가 반드시 되리라고 말한 것"이라는 말입니다. 이는 곧 신약성경 또한 구약과 동일하게 그리스도가 고난 받으신 것과 죽은 자 가운데서 먼저 다시 살아나사 이스라엘과 이방인들에게 빛을 전하신 것을 증언하고 있음을 말합니다.

27) 더 이상 필요치 않습니다. 고전 2:14 의 말씀처럼 "육에 속한 사람은 하나님의 성령의 일들을 받지 아니하"기 때문에 그런 사람들에게는 하나님의 성령의 일들을 기록한 성경이 모두 어리석게 보이고 알지도 못하는 것입니다. 성경은 다른 어떤 증거들이 아니라, 오직 영적으로 분별되는(받아들여지는) 것입니다.

28) "동산 각종 나무의 열매는… 임의로 먹되 선악을 알게 하는 나무의 열매는 먹지 말라"는 것입니다.

29) "곧 네 하나님 여호와를 경외하여 그의 모든 도를 행하고 그를 사랑하며 마음을 다하고 뜻을 다하여… 여호와를 섬기고… 여호와의 명령과 규례를 지킬 것"이었습니다.

30) "여호와께서 네게 구하시는 것은 오직 정의를 행하며 인자를 사랑하며 겸손하게 네 하나님과 함께 행하는 것"이라고 했습니다.

31) 주님께서는 율법에 대하여서 이르시기를 "네 마음을 다하고 목숨을 다하고 뜻을 다하여 주 너의 하나님을 사랑하라 하셨으니 이것이 크고 첫째 되는 계명"이라고 하시어서 하나님께서 그의 백성들에게 요구하시는바 율법이 구약에서나 신약에서나 다르지 않음을 언급하셨습니다.

2. 하나님에 관해 (6~11문답)

32) "하나님은 영(靈)이시"라고 했습니다.

33) 하나님은 "스스로 있는 자"이시라고 했습니다.

34) "믿음"이 있어야 한다고 했습니다. 믿음이 없이는 하나님을 기쁘시게도 영화롭게도 할 수 없으며, 하나님께 나아가는 자는 반드시 "그가 계신 것과 또한 그가 자기를 찾는 자들에게 상 주시는 이심을 믿어야" 한다고 했습니다.

35) "자비롭고 은혜롭고 노하기를 더디하고 인자와 진실이 많은 하나님이라"고 했습니다.

36) "위대하시며 능력이 많으시며 그의 지혜가 무궁하시"다고 했습니다.

37) "영원부터 영원까지 주는 하나님이시"라고 했으니, 하나님의 기원에 관해서는 시작도 없고 끝도 없는 영원(시간을 초월한)하신 분이십니다.

38) "변하지 아니하"시는 하나님이십니다.

39) (성부) 하나님을 나타내십니다.

40) 일종의 비유(比喩)로 이해해야 합니다. 성경에서 하나님께서 눈과 귀, 손과 발이 있으신 것처럼 표현하거나, 하나님께서 분노하시고 고민하시고 후회하시는 등 사람과 같은 감정을 지니신 것으로 표현하는 것은 하나님께서 사람에게 원하시는 바나 다스리시는것 우리가 이해할 수 있도록 설명하는 표현이지, 실재로도 하나님께서 신체를 지니시거나 감정적인 변화가 있으시다는 것이 아닙니다.

41) 아닙니다. 하나님께서는 불변하시고 영원하신 분이십니다. 다만 그렇게 표현하는 것은 하나님께서 우리에게 원하시는 바를 가르치시거나, 긍휼을 베푸시는 것 등을 우리가 실감할 수 있는 방식으로 드러낸 것입니다.

42) "이스라엘의 지존자는 거짓이나 변개함이 없으시니 그는 사람이 아니시므로 결코 변개하지 않으심이"라고 했습니다.

43) 이러한 성경의 표현은 사울의 잘못은 책망하시나, 하나님의 애초의 계획(작정)은 결코 방해를 받거나 변치 않는다는 사실을 나타내줍니다. 삼상 15:35에서 하나님께서는 사울의 잘못에 대해 후회의 감정을 통해서 사울의 잘못을 분명히 드러내셨는데, 그것은 사울의 잘못을 결코 간과하지 않으시고 그의 잘못을 분명하게 지적하심입니다. 그러나 그로인해 하나님께서 계획(작정)하신 모든 것들이 전혀 방해를 받거나 변동됨이 없다는 사실을 삼상 15:29절의 선지자 사무엘의 말을 통해 나타내셨습니다.

44) 하나님께서는 변치 않으시며, 그의 계획하심이나 실행하심 또한 변치 않는다고 했습니다. 그러므로 이러한 하나님에 대한 신뢰야말로 낙심하고 낙담되는 어떤 형편 가운데서도 신앙인의 마음을 흔들리지 않도록 하는 믿음의 바탕을 이루는 것입니다. 궁극적으로 하나님의 선택에 의한 구원이라는 기독교의 신앙은 바로 이러한 하나님의 택하심과 구원에 대한 확신 있는 믿음으로 당장의 현실 가운데 있는 모든 불신앙과 낙심되는 일들 가운데서도 구원에 대한 확신을 떨치지 못하도록 하는 가장 굳건한 신앙의 근거를 이룹니다.

45) 신자의 "영생의 소망"은 "거짓이 없으신 하나님이 영원 전부터 약속하신 것"이라고 했습니다.

46) 사람, 특히 우리 자신은 신실하지도 믿을만 하지도 않지만 하나님은 "항상 미쁘시니 자기를 부인하실 수 없으시리라"고 했습니다. 그러므로 하나님은 영원토록 변하지 않으시는 미쁘신(신실하시고 믿을만한) 분이십니다.

47) "오직 유일한 여호와" 곧 한 분이신 하나님이라 했습니다.

48) "우리에게는 한 하나님 곧 아버지가 계시"며 또한 "한 주 예수 그리스도께서 계시"다고 했습니다.

49) 첫 번째 계명입니다.

50) '다신론'이 여러 신들을 인정하는 것이라면, '우상숭배'는 특정한 신을 표상(表象)하는 것을 만들어 숭배(崇拜)하는 것입니다.

51) 성부와 성자(예수 그리스도)와 성령의 세 분(위격)의 하나님이 언급되어 있습니다.

52) 두 분(위격), 즉 성부 하나님과 성자 예수 그리스도이십니다.

53) 한 분, 즉 예수 그리스도이십니다.

54) 한 분, 즉 성령 하나님이십니다.

55) 부합할 수 없습니다. 양태론의 설명은 결국 한 실체가 각각 모양 혹은 역할만을 바꾸어 제시되는 설명이라는 점에서 한 시공간 가운데서 동시적으로 구별될 수가 없지만, 마가복음 1장에서는 하나님의 각 위격이 명백하게 한 시공간 가운데 등장하시는 설명이라는 점에서 각각 분명하게 구별되기 때문입니다.

56) 하나님의 아들 예수 그리스도를 가리키는 것입니다.

57) 8절에 이른 "아들", 즉 예수 그리스도이십니다.

58) 창세 전, 곧 영원 가운데서의 오늘입니다. 8절에서 "주의 보좌는 영영하다" 했는데, 하나님의 아들 곧 예수 그리스도의 보좌가 영영하듯 그의 나심도 영영한 오늘, 즉 영원 가운데서의 나심입니다.

59) 하나님 아버지에게서 나오시며, 보내셨다 했습니다.

60) 예수 그리스도이십니다.

61) 성령께서 하신 말씀이라 했습니다.

62) 세 위격이 모두 관계되어 있습니다. 표면적으로 그것은 여호와 하나님의 말씀이나, 그것은 예수 그리스도를 가리켜 말씀하신 것(요 12:41)이며, 이를 이사야 선지자에게 이르신 분은 성령님이신 것(행 28:25)입니다.

63) 예수 그리스도이십니다.

64) 성령님이십니다.

65) 예수 그리스도십니다.

66) "하나님의 영(sprit of God)"이십니다. 창 1:1 의 하나님은 히브리어로 '엘로힘'인데, 이는 복수('장엄복수'라고도 합니다)형으로서 한 위격만을 지칭하지 않습니다.

67) "아버지와 아들과 성령의 이름으로 세례를 베풀"라 했습니다.

3. 하나님의 작정 (12~14문답)

68) "모든 일을 그의 뜻의 결정대로 일하시는 이의 계획을 따라" 예정을 입었다고 했습니다. 이 구절은 예정(넓은 의미로는 작정이라고도 할 수 있습니다)에 대해 아주 잘 설명하고 있는데, 우리의 예정은 전적으로 하나님의 전능하시고 주권적인 의지와 능력 가운데서 이뤄지는 것으로 설명하고 있습니다.

69) "나의 뜻이 설 것이니 내가 나의 모든 기뻐하는 것을 이루리라 하

였노라"고 했습니다. 이처럼 종말까지 이룰 모든 일들의 예정에 대해서 하나님께서는 자신의 기뻐하시는 일들을 자신의 뜻(의지)대로 이룰 것임을 시초부터 알리셨다고 했습니다.

70) 하나님께서 정하셨다고 했습니다.

71) 그렇습니다. 하나님의 작정은 창조된 모든 피조물들을 아우르는 것입니다. 심지어 하나님을 대적하는 마귀(사단)까지도 하나님의 뜻과 의지를 전혀 거스를 수 없도록 모든 일들을 하나님께서 미리 작정해 두신 것입니다.

72) 하나님입니다. 이 작정은 지혜롭고 자유로우며 거룩하신 하나님의 행위입니다. 그러므로 그 중심은 인간의 복지(福祉)가 아니라 전적으로 하나님께 있는 것입니다.

73) "창세 전에" 된 것입니다.

74) "예수 그리스도로 말미암아"서입니다.

75) 아닙니다. 하나님의 작정은 기본적으로 창세 전에 삼위일체이신 하나님에 의해서 이뤄진 것이기 때문에 피조물인 인간은 작정의 모든 내용을 다 이해하거나 알 수가 없습니다.

76) 하나님의 지혜와 지식 가운데서의 판단을 인간이 헤아리지 못하며 그의 길 또한 찾지 못할 것이라고 했습니다. 하나님의 작정은 창조 이전의 일이라는 점과 그 풍성함으로 인해 유한한 피조물에 불과한 인간은 결코 헤아리지 못하며, 다만 하나님께서 드러내신 만큼을 믿음으로 알 수 있을 뿐입니다.

77) "그의 영광의 찬송이 되게 하려 하심이라"고 했습니다.

78) 그렇게 말할 수 없습니다. 작정이란 세상의 창조 전의 일이기에 (인간을 포함한) 창조된 모든 세상의 제한을 전혀 받지 않으며, 오히려 창조된 세상이 하나님의 작정에 제한을 받는 것이라 할 것이기 때문에 그렇습니다. 에11:12에서 알 수 있듯이 창조된 세상은 하나님의 작정에 따라 영광과 찬송이 될 때에 그 목적에 가장 부합하는 것(이것이 궁극적인 피조물의 기쁨입니다)입니다.

79) "여호와의 계획은 영원히 서고 그의 생각은 대대에 이르리"라고 했습니다. 신자가 하나님을 확신하며 신뢰하는 것은 바로 이와 같은 하나님의 영원하고 불변하는 계획에 대한 것이기도 합니다. 비록 우리의 인생 가운데서는 아무런 하나님의 계획도 찾아볼 수 없

는 것 같을 찌라도, 하나님의 계획이 영원하고 불변하는 것이라는 믿음을 가질 때에 우리들은 비로소 그 가운데서 하나님의 영광과 찬송이 되리라는 소망과 확신을 볼 수 있는 것입니다.

80) 아닙니다. 욘 1:10에서 요나는 제비가 자기에게 뽑힌 이유를 "자기가 여호와의 얼굴을 피함인 줄을" 뱃사람들에게 고백했으니, 요나 자신도 그 일이 결코 우연이 아님을 알고 있었던 것입니다.

81) 우연이 아닙니다. 28절에서 미가야 선지자는 분명 이스라엘 왕이 무사히 돌아오지 못할 것임을 밝혔는데, 이는 하나님께서 그처럼 예정하신 것을 미가야 선지자를 통해서 백성들에게 미리 선포하신 것입니다. 아합은 이를 피하기 위해 기만술을 펼쳐 대비했지만, 누구도 예상하지 못한 우연스럽게 보이는 일을 통해서 하나님의 예정하신 일이 성취된 것입니다. 이처럼 하나님의 예정하신 일이 짐작할 수조차 없는 수단을 통해 불변하게 성취된 것입니다.

82) 포함됩니다. 하나님께서는 이스라엘 백성들을 살리시는 방편으로 요셉을 애굽에 가도록 하셨는데, 이 때에 요셉을 애굽으로 보내는 수단은 요셉의 형제들의 시기로 미디안 상인들에게 팔리도록 하는 것이었습니다. 즉, 요셉의 형제들의 범죄도 하나님의 작정하신 것을 이루는 수단으로 사용된 것입니다. 마찬가지로 예수께서 십자가에 달리신 것도 유대인들의 시기와 로마인들의 잔인함을 수단으로 하여 구속의 사역을 온전히 이루신 것이었음을 행 2:23-24에서 언급하고 있습니다.

83) 하나님의 작정과 인간의 범죄와의 관계 가운데서 자칫 결국에는 죄를 범하는 것도 하나님의 작정 가운데서 일어나는 것이니 그 책임이 하나님께 있는 것이 아니냐는 오해를 가질 수 있습니다. 하지만 하나님께서는 인간이 자발적으로 죄를 범하되, 그것이 하나님의 작정을 거스르거나 방해가 되지 않으며 오히려 하나님의 작정을 이루는 수단이 되도록 모든 일들을 작정하셨습니다. 그것이 가능한 것은 하나님의 작정이 창세 전에 있었던 것이기 때문인데, 그 말은 곧 하나님의 작정에 있어서는 시간적인 순서나 개념을 초월한다는 것입니다. 따라서 시간 안에서 이뤄지는 (아담을 포함한) 인간의 범죄는 자발적으로 이뤄지되, 그것이 시간을 초월하

는 하나님의 작정을 방해하지 못하고 오히려 작정을 이루는 수단으로 얼마든지 사용될 수 있을 뿐입니다. 하나님께서는 세상을 지으실 때에 어떤 수단이나 도구를 사용하시는 방법을 사용하시기 이전에 명령하시는 방법으로, 즉 시공간이 있기 전에 시공간이 있으라고 명하심으로 있도록 하셨기 때문에 시공간 안에서 이뤄지는 모든 일들이나 법칙을 초월하실 수 있는 하나님이십니다. 하나님의 무한성, 전능성 등은 궁극적으로 이러한 하나님의 차별성 가운데 있는 것입니다.

84) "택하심을 받은 천사들"이라고 했습니다.

85) "지옥에 던져 어두운 구덩이에 두어 심판 때까지" 버려지는 '유기'를 포함합니다.

86) "그(하나님)의 영광스러운 은총을 찬양하도록"입니다.

87) "하나님 아버지의 미리 아심을 따라"서입니다.

88) "예수 그리스도의 피 뿌림을 얻기 위하여"서입니다.

89) "그리스도 안에서"입니다.

90) 그렇습니다. 만일 그런 것이 아니라고 한다면, 예정은 불확실한 것으로서 예정(豫定)이 아니라 미정(未定)이 될 것입니다.

91) "경건하지 아니하여 우리 하나님의 은혜를 도리어 방탕한 것으로 바꾸"는 자입니다. 또한 그들(거짓 교사들)은 "옛적부터 이 판결을 받기로(예수 그리스도를 부인하는 자들로서의 판결을 받기로) 미리 기록된 자"들입니다.

92) 선택되지 않음, 곧 '유기(遺棄)'를 전제하는 것입니다.

93) 하나님의 "하고자 하심" 곧 '의지'입니다.

94) 그렇지 않습니다.

95) "지음을 받은 물건이 지은 자에게 어찌 나를 이같이 만들었느냐 말하겠느냐"고 했습니다.

96) "그들이 말씀을 순종하지 아니하므로" 넘어진다고 했는데, 더욱이 "이는 그들을 이렇게 정하신 것이라"고 했습니다.

97) 아닙니다. 오히려 영생에 이르도록 예정된 사람은 더욱 적극적으로 영생에 이르기 위해 수고하고 노력하는 모습으로 드러날 것입니다.

98) 하나님의 예정은 결과만이 아니라 수단과 과정까지 전 과정을 포괄하는 것입니다. 따라서 영생에 이르도록 예정된 자는 오히려 더욱 영생에 이르기를 힘쓰는 모습을 보일 것입니다.

99) "그 자식들이 아직 나지도 아

니하고 무슨 선이나 악을 행하지 아니한 때"입니다. 즉 야곱과 에서가 아직 나지도 아니하여 야곱을 높이고 에서를 낮출 만한 각자의 근거를 행하기도 전에 하나님께서는 야곱을 사랑하시고 에서는 미워하시기로(롬 9:13) 한 것입니다.

100) "그런즉 우리가 무슨 말을 하리요 하나님께 불의가 있느냐 그럴 수 없느니라"고 했습니다. 우리들의 논리 가운데서는 언뜻 "그 자식들이 아직 나지도 아니하고 무슨 선이나 악을 행하지 아니한 때에" 즉 에서가 야곱을 섬기게 되어야 할 만큼 잘못을 범하지도 않은 때에 "택하심을 따라 되는 하나님의 뜻이 행위로 말미암지 않고 오직 부르시는 이로 말미암아 서게 하려" 하신 것이 불의하게 생각될 수 있을 것인데, 성경은 전혀 그렇지 않다고 말합니다.

101) 하나님께서 그처럼 작정하실 것에 대한 예지입니다. 신학 가운데에는 '예지 예정론'이라는 것이 있는데, 이는 택자들이 결국에는 택함을 입을만한 근거가 될 만한 선을 행할 것을 미리 아시고 하나님께서 그들을 선택하셨다는 이론인데, 그럴 경우에는 선택의 근거가 결국 사람에게 있게 되는 것

입니다. 그러나 롬 9:11-18 말씀은 이와는 정반대의 내용으로 기록되어 있습니다. 하나님께서는 자신의 무오한 작정을 미리 아시고 실재로도 무오한 작정을 하신 것이라고 보는 것이 롬 9:11-18 말씀에 부합하는 것입니다.

102) "모든 일을 그의 뜻의 결정대로(의지대로) 일하시는 이의 계획을 따라 우리가 예정을 입어 그 안에서 기업이 되었"다고 했습니다.

103) "그(삼위일체 하나님)의 영광의 찬송이 되게 하려 하심이라"고 했습니다.

104) 자유로운 것입니다. 그러므로 작정과 작정의 실행인 창조와 섭리 모두가 다 하나님의 자유로운 본성에 근거하는 것입니다.

105) 변동될 수 없는 불변하는 것입니다. 작정과 작정의 실행인 창조와 섭리 모두가 다 하나님의 자유로운 본성에 근거하는 만큼 피조물이나 창조세계의 변화에 따라 임의로 변경될 수 있는 성질의 것이 결코 아닙니다.

4. 하나님의 창조 (15~17문답)

106) "말씀으로" 지어졌다고 했습니다.

107) 6일 만에 완성하셨습니다.

108) 그 자신을 위하여 매우 좋게 만드신 하나님으로 말미암은 것입니다.

109) 아닙니다. 나중에 아담의 범죄로 말미암아 죄가 세상 가운데 들어오게 되었고, 그 이후의 부패(하고 무능)한 세상으로 지금의 세상이 있는 것입니다. 지금의 세상은 회복과 재창조의 소망을 지닌 세상입니다.

110) 그렇습니다. 하나님께서는 어떤 인과관계를 통하는 수단을 사용하시거나 질료(質料)를 통해서 세계를 지으신 것이 아니라 명령하여서 존재케 하시는 방법으로 세계를 지으신 것입니다. 즉 '있으라' 하시자 있게 된 것입니다. 그러므로 지어진 세계 자체에서는 창조의 흔적을 발견할 수가 없는 것입니다. 주님께서도 말씀(명령)을 통해 파도를 잔잔케 하신 사건(막 5:35-41)을 통해서 자신이 말씀(명령)을 통해 세상을 지으신 하나님과 같은 분이심을 드러내신 적이 있는데, 이는 그처럼 아무런 도구나 수단이 없이 그리고 흔적을 남기지 않고도 모든 것들이 명령에 따르도록 하실 수 있으셨던 창조주의 능력을 나타내 보이신 것입니다.

111) "주께서 만물을 지으"셨으며, "만물이 주의 뜻대로 있었고 또 지으심을 받았"다는 것입니다. 그러므로 창조에 있어 모든 원인과 근거는 철저히 하나님의 의지에 있었던 것입니다.

112) '바람'과 '불꽃'으로 언급합니다. 이는 곧 물질적인 외형을 지닌 존재가 아님을 시사합니다.

113) 이 땅의 삶(결혼관계의 삶)의 방식과는 다른 방식으로 살아가는 존재로 말합니다.

114) "사망이나 생명이나 천사들이나 권세자들이나 현재 일이나 장래 일이나 능력이나 높음이나 깊음이나 다른 어떤 피조물이라도 우리를 우리 주 그리스도 예수 안에 있는 하나님의 사랑에서 끊을 수 없으리라"고 했습니다. 즉, 우리를 향한 하나님의 주권적인 사랑을 거스르거나 방해할 수 없는 것이 천사들입니다. 마찬가지로 타락한 천사이자 영적인 존재인 사탄 또한 하나님의 이러한 주권적 사랑을 거스르거나 대적하지 못합니다.

115) 지식에 있어 "선과 악을 분간"하는 존재로 말합니다. 드고아의 여인은 압살롬의 지식에 관해 선과 악을 분간하는 영적인 존재인 천사와 같은 분이라고 표현으로

추켜 새우고 있는 것입니다.

116) 마지막 때와 시점같이 하나님 안에서 감추어진 지식은 천사라도 알지 못합니다. 하나님께서 하나님 안에 감추신 지식은 오직 삼위일체 하나님만이 아시는데, 특별히 고전 2:10 말씀은 성령께서 "하나님의 깊은 것까지도 통달하시느니라"고 했습니다.

117) "여호와를 송축"하는 것입니다. 여호와를 송축하는 존재들로 지은바 된 천사들의 지식에 대해 "여호와의 말씀을 행하며 그의 말씀의 소리를 듣는" 천사들이라고 한 바, 인간보다 탁월한 지식의 측면으로 하나님을 찬양하도록 지은바 된 것입니다.

118) "모든 천사들은 섬기는 영으로서 구원받을 상속자들을 위하여 섬기라고 보내심"이라고 했습니다.

119) "자기 지위를 지키지 아니하고 자기 처소를 떠난 천사들" 곧 타락한 천사입니다.

120) 원래의 능력과 기능을 떠나서 범죄하고 타락할 수 있는(나쁘게 변할 수 있는) 존재임을 말합니다.

121) "땅의 흙으로" 지은바 되었다고 했습니다. 사람이 죽어서 그 육체가 흙으로 돌아가는 것은 바로 이 사실을 시사하고 있습니다(창 3:19 참조).

122) "아담에게서 취하신 갈빗대로 여자를 만드"셨다고 했습니다. 창 3:16에서 여자가 남자에게 예속된 것은 바로 이 사실을 시사하고 있습니다.

123) 하나님께서 "생기를 그 코에 불어넣으시니" 사람이 생령이 되었다고 했습니다.

124) 아닙니다. 사람의 육체적 죽음에도 영혼은 사멸되지 않으나, 하나님에 의해 몸과 영혼이 능히 지옥에서 영원히 멸망할 수 있음을 본문은 시사하고 있습니다.

125) 없습니다. 오히려 성경은 유신론적진화론과는 정반대의 사실들을 기록하고 있습니다.

126) "하나님의 형상대로 사람을 창조하시되 남자와 여자"로 창조하셨음을 말합니다.

127) '지식' 곧 지(知)적인 부분입니다.

128) "의와 진리의 거룩함"이라는 언급을 통해 지(知)적인 부분 외에 의(義)의 부분을 언급합니다.

129) 정(情)에 해당하는 '사랑'입니다. 일반적으로 동물들에게도 감정이 있어서 사랑의 표현과 유사하게 행동하는 것을 볼 수 있지만, 인간의 사랑은 지(知)적인 부

분과 의(義)의 부분과 함께 드러
나는 복합적인 감정(感情)이라는
면에서 독특하며, 하나님의 형상
을 이루는 것입니다.

130) 아닙니다. 하나님께서는 우리
와 달리 육체를 지니시지 않으셨
습니다. 그러므로 십계명에서는
두 번째 계명(우상을 만들지 말
라)을 통해 하나님을 형상화시키
는 것을 금합니다. 하나님께서는
사람과 같은 형태를 취하시기도
하시지만, 그 본질에 있어서는 전
혀 육체적인 분이 아니십니다.(삼
위일체론 참조)

131) 그렇습니다. 롬 1:20 말씀은
우리에게 있는 지·정·의의 하나
님의 형상으로 하나님을 알 수 있
는 사실을 언급합니다.

132) 아닙니다. 창조 시의 하나님의
형상과 달리 지금 우리들의 형상
은 부패(타락)한 것으로 있기 때
문에 창조 시와 같이 온전한 하나
님과의 교제 가운데서 알지는 못
합니다. 롬 1:21-23에서 사도 바
울은 부패한 하나님의 형상인 우
리들이 "하나님을 알되 하나님을
영화롭게도 아니하며 감사하지도
아니하고 오히려 그 생각이 허망
하여지며 미련한 마음이 어두워
졌다"고 했는데, 사람의 지·정·
의는 온전하지 못한 채로 하나

의 형상으로 우리에게 있는 것입
니다.

133) "바다의 물고기와 하늘의 새와
가축과 온 땅과 땅에 기는 모든 것
을 다스리게" 하셨습니다.

5. 하나님의 섭리 (18~20문답)

134) 아닙니다. 지금도 세상의 모든
것들은 하나님의 보존과 다스림
가운데 있습니다.

135) 만일에 그처럼 창조 이후로 모
든 세계가 자체적으로 보존되고
돌아간다고 한다면, 창조세계는
이제 하나님과 독립적으로 있는
것이라는 결론에 이를 것입니다.

136) 하나님의 '작정'은 '창조'와 '섭
리'로 이뤄집니다. 그러므로 창조
는 하나님의 작정을 반영하며, 섭
리 또한 하나님의 작정에 따르는
것입니다. 그런데 창조 이전에 작
정이 영원 가운데서 있었기때문에
섭리는 작정을 반영하는 것이지,
작정이 섭리를 따르는 것이 아닙
니다. 따라서 창조와 섭리는 전혀
독립적이지 않고, 오히려 작정에
종속되어 있는 것입니다.

137) 하나님의 아들 예수 그리스도
이십니다.

138) "그의 능력의 말씀으로" 만물

을 붙드신다고 했습니다.

139) 그렇습니다. 하나님께서는 그
의 능력의 말씀으로, 곧 수단과
원인을 사용하지 않으실 뿐 아니
라 세상 가운데 흔적을 남기지 않
으시면서 세상을 붙드시기 때문
에 사람들은 세상 가운데서 그처
럼 세상을 붙드시는 하나님을 발
견하지 못하는 것입니다.

140) "그의 보좌를 하늘에 세우시
고 그의 왕권으로 만유를 다스리
시도다"라고 했습니다. 이러한 표
현은 하나님의 통치(다스림)의 측
면을 표현하는 것입니다.

141) "왕권으로 만유를 다스리"신
다고 했습니다. 여기서 '왕권'이
라는 것은 '능력'과 '권위'의 표현
으로 그러한 다스리심의 확고함
을 나타냅니다.

142) 하나님 자신의 영광을 위하는
것입니다. 그런데 하나님의 속성
과 작정 가운데 있는 영광은 하나
님께서 스스로 취하시는 영광이
므로(행 17:24-25) 하나님의 섭
리에 대한 분별은 하나님의 속성
과 작정에 부합하는 것(하나님의
속성과 작정에 관해 분명하고도
특별하게 계시하신 성경에 부합
하는 것)인지에 따라서 되는 것
입니다.

143) 12절에서 "그의 이름을 영원

하게 하려 하사"라고 했고, 14절
에서도 "이름을 영화롭게 하셨나
이다"라고 했으니, 이스라엘을 인
도하신 하나님의 섭리의 목적을
하나님의 이름이 영화롭게 되는
것임을 이사야 선지자를 통해 말
씀하셨습니다.

144) "이는 만물이 주에게서 나오
고 주로 말미암고 주에게로 돌아
감이라"고 하여서 하나님의 작정
과 창조와 섭리의 지향하는 바를
언급하면서, 끝으로 그 목적에 대
해서는 "그에게 영광이 세세에 있
을지어다 아멘"이라고 간략하고
도 극명하게 표현하고 있습니다.

145) 그렇습니다. 이신론과 달리,
어떤 사람들은 하나님의 섭리는
구원과 관계된 큰 줄거리에 대해
서만 이뤄지는 것이고, 인간의 소
소한 일상들은 인간의 자유로운
의지 가운데서 무작위의 결과들
을 낳는다고 생각하지만, 그럴 경
우에는 하나님의 섭리도 하나님
의 작정도 모두 성립할 수 없습
니다. 왜냐하면 구원과 관계된 큰
줄거리의 섭리도 소소한 일상들
에서의 작은 섭리들이 없이는 성
립하지 못할 것이기 때문입니다.

146) "참새 두 마리가 한 앗사리온
에 팔리지 않느냐… 두려워하지
말라 너희는 많은 참새보다 귀

하니라"고 했습니다. 하나님께서는 지극히 작고 일상적인 일들까지도 섭리로 다스리시는데, 특별히 신자들의 경우에는 더욱 그러하다는 것입니다. 우리가 하나님의 섭리를 이해하지 못하고 걱정하는 것은 사실 섭리를 우리가 원하는 방식으로 이해하려하기 때문입니다. 그러나 성경을 따라 하나님의 영광(이것이 모든 창조의 목적입니다)을 위하는 하나님의 작정을 생각할 때에, 지극히 작은 일들까지도 섭리하시는 하나님의 다스리심을 보고 위로와 평안을 얻을 수 있습니다.

147) 그렇습니다. 심지어 타락한 영인 사탄조차도 하나님의 작정 가운데 있기 때문에 악인들의 범죄 또한 하나님의 작정을 따른 섭리에서 예외가 아닙니다.

148) 표면적으로는 사람이 죄를 범하면서 하나님의 의를 대적한 듯 보였지만, 사실은 그렇게 됨을 통해서 "하나님의 권능과 뜻대로 이루려고 예정하신 그것을 행함"이 됐음을 말합니다. 이처럼 하나님께서는 인간의 죄를 허용하시는 것이 아니라, 자유롭게 죄를 꾀하도록 하시면서도 오히려 그것이 하나님의 작정을 이루는 도구가 되도록 섭리하시는 것입니다.

149) 아닙니다. 얼핏 하나님께서 인간이 죄를 범하도록 하셔서 자신의 작정을 이루시는 것 같지만 인간이 죄를 범하는 것은 인간이 그 스스로의 의지의 자유를 가지고 그렇게 하는 것이며, 특별히 하나님께서는 율법과 양심을 통해 인간이 마땅히 행할 바 선과 의를 제시하셨기 때문에 인간 스스로 범하는 죄의 책임을 하나님께 돌릴 수가 없습니다. 그러나 놀라운 것은 그처럼 인간이 스스로의 의지를 가지고 죄를 꾀하는 것이 하나님의 작정을 깨뜨리지 않는다는 사실입니다. 요셉을 판 형들과 예수 그리스도를 거슬렀던 유대인들의 경우처럼 겉으로는 그들이 자유롭게 죄를 꾀한 일들이, 사실은 "하나님의 권능의 뜻대로 이루려고 예정하신 그것을" 이루도록 행함이었던 것입니다. 이렇게 된 것에 대한 하나의 단서는, 하나님의 권능과 뜻대로 이루려고 예정하신 그것은 하나님 안에 감춰져 있기 때문에 인간은 그 스스로 자유롭게 죄를 꾀한다는 것과, 그처럼 인간이 스스로 자유롭게 범하는 죄가 하나님의 예정 가운데서는 오히려 그 예정을 이루는 결과를 이루더라는 것입니다. 그러므로 행 4:28에서 사도는 "하나님

의 권능과 뜻대로"라는 표현을 한 것이며, 이것이 바로 하나님 안에 있는 놀라운 신비인 것입니다.

150) 하나님의 섭리와 반대되는 이 신론과 진화론의 기본적인 논거는 세상의 원리들과 질서들은 특정한 목적이나 방향이 확정된 바가 없다는 사고입니다. 반면에 하나님의 작정 안에서의 섭리란, 모든 세상의 일들이 하나님의 영광을 이루도록 확정되어 이룬다는 것입니다.

151) "범죄한 천사들"과 "자기 지위를 지키지 아니하고 자기 처소를 떠난 천사들"을 언급하고 있습니다.

152) "처음부터 범죄함이라"고 했습니다.

153) 그렇지 않습니다. 두 본문은 공히 악한 영조차도 하나님의 통치와 허락을 따라, 즉 하나님의 의도하시고 목적하시는 안에서만 지극히 제한적으로 악을 행할 수 있는 것을 볼 수 있습니다.

154) 아닙니다. 예수 그리스도께서는 우리와 같이 혈과 육을 함께 지니시어 죽으심을 통해, 죽기를 무서워하므로 한평생 매여 종 노릇하는 모든 자들을 놓아주려 하셨지만, 그러한 구원 가운데서 죽음의 세력을 잡은 자 곧 마귀는 멸함

을 당한다고 기록하고 있습니다.

155) 첫 사람 아담, 즉 태초에 창조되었던 인류의 대표자들을 말합니다.

156) 태초의 인간을 낙원에 거하도록 하셨습니다.

157) 태초에 창조된 세계에서 인간이 다스리는 자로 있도록 하셨습니다.

158) 먹을 양식을 허락하셨습니다.

159) 돕는 배필을 세워 결혼관계로 맺어지도록 하셨습니다. 특히 창 1:24절의 "남자가 부모를 떠나 그의 아내와 합하여 둘이 한 몸을 이룰지로다."라는 말씀이 이(결혼)를 더욱 분명하게 합니다.

160) 안식할 날을 제정하셨습니다.

161) 그렇지 않습니다. 하나님의 섭리는 작정(혹은 예정)에 포함되어 있는 것이기 때문에, 피조세계의 일들로 볼 때에는 섭리가 막히거나 좌절되거나 혹은 폐기된 결과를 부른 것처럼 보일지라도, 실제로는 그 모든 일들도 피조세계가 지어지기 전 하나님의 작정 가운데서 이뤄지는 일들입니다.

162) 가로막히거나 좌절된 것은 아니지만, 얼핏 하나님의 섭리는 피조세계 가운데서 더 이상 원래대로 적용되지 않는 것으로 보입니다.

163) 아담의 타락과 그로 인한 섭리의 진행은 돌발적인 것이 아니라 하나님의 작정에 따른 것이기 때문에, 하나님께 영광이 되는 섭리의 진행은 여전히 하나님의 뜻과 의지대로 이뤄질 뿐입니다. 다만 그 책임이 아담의 자발적인 타락에 의한 것이라는 점에서 이를 작정하신 하나님께 돌려질 수는 없습니다. 이러한 섭리의 구별은 웨스트민스터 신앙고백 제5장 2항에서의 "제1원인"(the first cause)과 "제2원인"(the secind causes)이라는 용어 가운데서 논리적으로 이해할 수가 있습니다.

6. 생명의 언약 (혹은 은혜언약) (21~29문답)

164) 뱀(사단)이 하와를 꾀어 "동산 중앙에 있는 나무의 열매"를 먹었고, 아담은 하와가 주는 그것을 따라서 먹었습니다.

165) 뱀의 꾐을 따라 동산 중앙에 있는 나무의 열매를 보고서 "먹음직도 하고 보암직도 하고 지혜롭게 할 만큼 탐스럽기도" 하다고 생각하여, 실제로 그것을 취하였습니다. 즉 그 열매 자체에 "지혜롭게 할 만큼"의 어떤 실제적인

내용이 있는 것처럼 생각하여 하나님의 금령을 어긴 것입니다.

166) 하와가 뱀(사단)의 꾐에 넘어가 동산 중앙에 있는 나무의 열매를 따서 먹은 것과 달리, 아담은 꾐이 없었음에도 불구하고 하와가 건네는 열매를 함께 먹음으로 하나님의 금령을 어겼습니다. 특별히 딤전 2:14절은 뱀의 속임이 아담이 아니라 여자에게만 미쳤음을 분명히 밝히고 있습니다.

167) 그들 자신의 수치와 부끄럼을 먼저 보았을 뿐입니다. 즉 그들이 이미 범죄하여 타락한 것을 분명하게 직시할 수 있을 뿐이었던 것이, 하나님의 금령을 어긴 죄의 결과였던 것입니다.

168) "한 혈통" 즉, 한 조상의 후손으로서 난 자들로 언급하고 있습니다. 그러므로 "인류의 모든 족속"들이 아담의 후손으로서 함께 묶여져 있는 것입니다. 아울러 모든 아담의 후손들이 "그들의 연대(시기 혹은 수명)를 정하시며(미리 계획하시며) 거주의 경계를 한정하셨"다고도 했습니다.

169) "사망이 한 사람으로 말미암았"다고 했는데, 22절에서는 그를 "아담"이라고 구체적으로 지칭하고 있습니다.

170) 그렇습니다. 롬 5:12절에서

사도는 "한 사람으로 말미암아 죄가 세상에 들어오고 죄로 말미암아 사망이 들어왔나니 이와 같이 모든 사람이 죄를 지었"다고 했고, 그러므로 "사망이 모든 사람에게 이르렀느니라."고 했습니다.

171) **"두 사람이 벌거벗었으나 부끄러워하지 아니하니라."**고 했습니다. 즉 범죄하여 타락한 후로 "자기들이 벗은 줄을 알"게(창 3:7) 되었던 것과는 달리, 서로에게서 죄로 인한 흠과 수치를 찾아볼 수 없었던 것입니다.

172) "하나님의 영광에 이르지 못하"게 되었고(롬 3:23), 저주와(창 3:17) 사망에 이르게(롬 5:12) 되었습니다.

173) 근본적인 죄의 문제를 직시하지 못하고, 오히려 그로 말미암은 비참한 상태를 개선해보고자 할 뿐입니다.

174) "온 지면에 (흩어져) 살게"(행 17:26) 하신 하나님의 정하심을 떠나 "온 지면에 흩어짐을 면하"고자(창 11:4) 했지만, 그 의도하는 것은 오히려 하나님의 정하심을 거슬러 그들의 이름을 내려는 교만일 뿐이었습니다.

175) 마음이나 의도가 행동으로 들어날 때에 비로소 죄가 되는 것이라고 생각하는 경향이 있습니다.

176) 물론 문화에 따라서는 양심이나 도덕, 그리고 법률이나 제도 등이 일반적인 경우와 상당히 다른 경우도 있기는 하지만, 그럼에도 불구하고 그 모든 것들이 완전히 없는 경우는 찾아볼 수 없습니다. 오히려 모든 인간들의 문화에서 양심, 도덕, 법률, 제도 등을 저마다 지니고 있는 것을 발견할 뿐입니다.

177) 아닙니다. 특히 하와의 경우에 있어서 선하게 생각되는 것 ("지혜롭게 할 만큼 탐스럽기도 한")을 자의로 취했으나, 그 결과로 얻은 것은 오히려 악한 죄와 타락일 뿐이었습니다.

178) 하나님으로 말미암은 것들이었습니다.

179) 하나님의 말씀을 따르는 것이었습니다.

180) "불법이라"고 했습니다.

181) 그렇습니다. 일반적으로는 그 사람에게 더 이상 죄를 묻지 않습니다.

182) 죄로 규정한 것에 위배될 때에 유죄하게 되는 점에서 동일한 원리를 지니는 부분이 있습니다.

183) 실정법이 사회 혹은 국가의 규약으로서 제정된 것에 비해, 율법은 사회 혹은 국가의 규약이 아니라 하나님에 의해 불변하게 제정

된 것이라는 차이가 있습니다.

184) 그렇습니다. 정치적 혹은 사회적 공리를 목적으로 신앙상의 제약을 가하고 이를 위반하는 것이 범법이라고 판단될 수도 있겠지만, 하나님께서 제정하신바 없는 정치적 혹은 사회적 목적에 따른 신앙상의 제약은 본질적으로 죄일 수가 없는 경우가 있을 수있는 것입니다.

185) "규범으로 주어진 하나님의 어떤 법이라도 부족하게 준행하거나 불복하는 것"이 죄라고 규정하고 있습니다.

186) "선을 행할 줄 알고도 행하지 아니하면 죄니라"고 했습니다. 그러므로 하나님의 법(계명과 선)은 알고 있을 뿐 아니라, 행하도록 주어진 것입니다.

187) "선을 행하는 자가 없으니 하나도 없도다."라고 했습니다.

188) "다 치우쳐 함께 무익하게 되고 선을 행하는 자는 없나니 하나도 없다."고 했습니다.

189) "죄는 불법"이라고 죄의 판단 기준을 제시해 줍니다. 즉 율법을 범하여 어기는 것이 바로 죄인데, 그 뿌리는 동산 중앙에 있는 나무의 열매는 먹지 말라하신 하나님의 명령을 어긴 것에 있습니다.

190) 인간(아담)의 범죄, 곧 불순종(

롬 5:19)으로 말미암아서입니다.

191) "하나님의 낯을 피하여 동산 나무 사이에 숨은지라"는 말씀대로 하나님과의 관계를 깨뜨리고 하나님에게서 스스로 피하게 되었습니다.

192) "정죄에 이른 것"이라고 했습니다.

193) "사람의 마음이 계획하는 바가 어려서부터 악함이라"고 했습니다.

194) "죄악 중에서 출생하였음이여 어머니가 죄중에서 나를 잉태하였나이다."라고 했습니다.

195) "마음에서 나오는 것은 악한 생각과 살인과 간음과 음란과 도둑질과 거짓 증언과 비방이니"라고 하셨습니다.

196) "한 사람", 즉 아담의 죄로 말미암으며, 모든 사람에게 "사망"(죽음)이 이르는 것이 그 단적인 근거입니다.

197) "비록 아이라도 자기의 동작으로 자기 품행이 청결한 여부와 정직한 여부를 나타내느니라."고 했습니다. 이는 9절에 있는 "내가 내 마음을 정하게 하였다. 내 죄를 깨끗하게 하였다 할 자가 누구냐."고 하는 말씀과 함께, 심지어 아이들조차도 그 행동으로 그 마음에 있는 죄를 드러내기 마련이

라는 의미입니다.

198) "육으로 난 것은 육"이라고 했습니다.

199) "육신의 생각은 하나님과 원수가 되나니 이는 하나님의 법에 굴복하지 아니할 뿐 아니라 할 수도 없음이라"고 했습니다. 그런즉 육신으로 난 육적인 생명은 이미 죄의 노예로서 사망을 향하여 있는 것입니다.

200) "음행과 더러운 것과 호색과 우상 숭배와 주술과 원수 맺는 것과 분쟁과 시기와 분냄과 당 짓는 것과 분열함과 이단과 투기와 술 취함과 방탕함과 또 그와 같은 것들"이 바로 "육체의 일", 곧 육적인 생각이 나타내 행하는 것들임을 말합니다.

201) 범죄와 그로 말미암은 육적인 타락, 그리고 부패로 인해 사람은 더 이상 하나님께 가까이 나아가지 못하고 피하게 되었음을 알수 있습니다.

202) 이 세상 풍조를 따르고 공중의 권세 잡은 자를 따라 불순종의 아들들이 되었을 뿐 아니라, 육체의 욕심을 따라 지내며 육체와 마음의 원하는 것을 한다고 했습니다.

203) 여자에게는 임신하는 큰 고통이, 아담에게는 땅의 저주와 평생에 수고함과 흙으로 돌아감(사망)

의 비참한 형편에 처하게 되었습니다.

204) "총명이 어두워지고 그들 가운데 있는 무지함과 그들의 마음이 굳어짐으로 말미암아 하나님의 생명에서 떠나 있도다."라고 했습니다.

205) "유혹의 욕심을 따라 썩어져 가는 구습을 따르는" 자들로 표현하고 있습니다.

206) "불의로 진리를 막는 사람들의 모든 경건하지 않음과 불의에 대하여" 하나님의 진노가 하늘로부터 나타난다고 했습니다.

207) "그들을 그 상실한(버림받은) 마음대로 내버려 두사 합당하지 못한 일을 하게 하셨"다고 했습니다.

208) "모든 불의, 추악, 탐욕, 악의가 가득함 자요 시기, 살인, 분쟁, 사기, 악독이 가득한 자요 수군수군하는 자요. 비방하는 자(들이)요, 하나님께서 미워하시는 자(들이)요, 능욕하는 자요, 교만한 자요, 자랑하는 자요, 악을 도모하는 자(들이)요, 부모를 거역하는 자요. 우매한(몰지각한) 자요, 배약하는(약속을 저버리는) 자요, 무정한 자요, (화해하지 아니하며) 무자비한 자라."고 했습니다.

209) "미혹의 역사를 그들에게 보

내사 거짓 것을 믿게 하"신다 했습니다.

210) "심판을 받게 하려 하심이라"고 했습니다.

211) "네 고집과 회개하지 아니한 마음을 따라 진노의 날 곧 하나님의 의로운 심판이 나타나는 그날에 임할 진노를 네게 쌓는도다."라고 언급했습니다.

212) "내 죄벌(형벌)이 지기가 너무 무거우니이다."라고 말했습니다.

213) "우리 중에 누가 삼키는 불과 함께 거하겠으며 우리 중에 누가 영영히 타는 것과 함께 거하리요 하도다."라고 했습니다.

214) "마음의 정욕"과 "부끄러운 욕심"에 의해 죄를 행하며 형벌을 받게 됨을 깨닫게 합니다. 아울러 "내버려 두셨다"는 표현 가운데서 이미 자신들의 욕심에 사로잡히는 것 자체가 형벌에 가까움을 생각하게 합니다.

215) "너(사람)로 말미암아"서라고 했습니다.

216) (사람의 타락으로 말미암아 함께 저주를 받아) 온전하지 못한 가운데 있으며, 마지막 때의 새 창조를 바라는 상태임을 알 수 있습니다.

217) "죄의 삯"이라고 했습니다. 즉 죄에 대한 형벌의 궁극적인 것이 바로 죽음인 것입니다.

218) 영혼소멸설에 따르면 구원받지 못한 죄인들은 죽음과 함께 죄의 형벌이 끝나며, 죽음 후에 혹은 장차 이르게 되는 세상 가운데서 죄인의 영혼은 소멸되어버린다고 합니다. 그러므로 영혼소멸설의 입장에서는 제29문답 자체가 성립할 수 없는 것입니다.

219) "왼편에 있는 자들"이라고 한 "저주를 받은 자들"에 대해 "마귀와 그 사자들을 위하여 예비된 영원한 불에 들어가라."고 기록하고 있어서, 분명히 영혼멸절설과는 다른 증거를 언급하고 있습니다.

220) "형제 중에 지극히 작은 자 하나에게 한 것"으로 말미암아 섭니다. 즉 눈에 보이는 미약해 보이는 자들에게 행한 악행에 따라, 형벌이 따르는 것으로 기록하고 있습니다.

221) 창조주이신 하나님으로부터의 단절입니다.

222) "주의 얼굴과 그의 힘의 영광을 떠나 영원한 멸망의 형벌을 받으리로다"라고 했습니다.

223) "음부에서 고통"을 받는 것으로 언급하고 있습니다.

224) "불못"에 던져지는 것으로 말하고 있습니다.

225) "보좌에 앉으신 이"(계 21:5)

혹은 "알파와 오메가요 처음과 마지막"이신 그리스도께서 하시는 말씀입니다.

226) 아닙니다.

7. 은혜언약 (30~35문답)

227) 그렇지 않습니다. 하나님께서는 피조물인 인간과 언약을 맺어야만 하는 의무나 책임이 전혀 없으셨습니다.

228) 그렇습니다. 행위언약이 하나님께 대한 순종을 조건으로 영생에 이르도록 하신 생명언약이기도 하다는 점에서, 그것은 이미 전적인 하나님의 은혜로 제시된 것입니다.

229) 그렇습니다. 하나님께서는 처음에 행위언약 가운데서 온 인류와 동등하고 조건적인 언약을 체결하셨으나, 그것이 파괴됨으로 말미암아 새롭게 은혜언약을 체결하신 것이 아니라 처음부터 은혜가운데서 온 인류와 언약을 준비하시고 체결하셨던 것입니다.

230) 결코 그렇지 않습니다. 오히려 그 말은 멸망 받아 마땅한 모든 인류 가운데서 어떤 자들을 택하사 멸망치 않게 하셨다는 말입니다.

231) "오직 우리 주 예수 그리스도로 말미암아 구원을 받게" 택하신 자들입니다.

232) 그렇습니다. 우리들은 행위로서가 아니라 은혜로서 언약 가운데 다시 포함될 수 있을 뿐 아니라, 이후로 행하는 모든 순종과 행위에 있어서도 오직 은혜로서만 적용되는 것입니다.

233) 아닙니다. "우리가 믿음으로 말미암아 율법을 파기하느냐 그럴 수 없느니라 도리어 율법을 굳게 세우느니라"는 말씀에서 알수 있듯이, 오히려 은혜언약 가운데로 택함을 입은 자들은 더욱 행위언약의 요구에 순종하게 되는 것입니다.

234) 대표성을 담고 있습니다. 아담이라는 이름은 '사람' 혹은 '인류'를 의미하며, 모든 사람 곧 인류를 대표하는 자로서의 의미가 담겨 있는 것입니다.

235) 첫 번째는 첫 아담, 두 번째는 두 번째 아담이신 그리스도를 말합니다.

236) 또 다른 대표성을 지니신 분이기 때문입니다.

237) 그렇지 않습니다.

238) "창세 전"입니다.

239) 그리스도의 행위만을 말합니다.

240) 하나님께서 인류의 죄로부터

그 택하신 자들을 구원하실 구속자가 있을 것을 말씀하신 것입니다.

241) 아닙니다. 분명 죄로부터 구원하실 구속자로서 "여자의 후손"을 말하지만, 그러한 구속자는 아무 먼 훗날에야 오셨습니다.

242) "나 여호와가 의로 너를 불렀은즉…너를 세워 백성의 언약과 이방의 빛이 되게 하리니, 네가 눈먼 자들의 눈을 밝히며 갇힌 자를 감옥에서 이끌어 내며 흑암에 앉은 자를 감방에서 나오게 하리라"고 했습니다.

243) "영생하도록 있는 양식"입니다.

244) 11절에 이른 "그의 아들", 즉 성자 예수 그리스도이십니다. "아들이 있는 자에게는 생명이 있"다고 했기 때문입니다.

245) "아들을 보고 믿는 자마다 영생을 얻는 이것이니"라고 했습니다. 특별히 "마지막 날에 내가 이를 다시 살리리라"고 하시어, 부활 이후의 영생을 말합니다.

246) 구속자이신 그리스도를 예표한다 하겠습니다.

247) "그를 믿는 자"라고 한 것에서 알 수 있듯이, 그리스도를 믿는 믿음이 요구됩니다.

248) 하나님의 성령으로 말미암아 믿음이 택자들에게 주어지는 것입니다. 믿음은 그리스도를 영접하는 것을 요구하지만, 그 때의 믿음도 우리 안에서 자체적으로 (단독적으로) 나오는 것이 아니라 성령님에 의해 택자들에게 주어지는 것입니다.

249) "사랑과 희락과 화평과 오래 참음과 자비와 양선과 충성과 온유와 절제" 등입니다.

250) "행함이 없는 믿음은 죽은 것이니라."고 했습니다.

251) "그리스도 예수 안에서 선한 일을 위하여 지으심을 받은" 것으로 말미암는 것이니, "하나님이 전에 예비하사 우리로 그 가운데서 행하게 하려 하심이니라"고 했습니다.

252) 원죄로서, 하나님의 말씀에 불순종한 죄입니다.

253) 하나님의 말씀에 순종하는 것입니다.

254) "내 율례를 행하게 하리니 너희가 내 규례를 지켜 행할지라"는 말씀에서 알 수 있듯이, 하나님의 계명인 율법을 따라 순종하는 것입니다.

255) "새 언약의 일꾼 되기에 만족하게 하셨"다고 했습니다.

256) 그렇습니다. 그 방식에 있어서 분명 새 언약은 다른 경륜 가운데

제시된 것입니다.

257) 그렇지 않습니다. 왜냐하면 은혜언약은 이미 창 3:15절에서부터 암시하고 있기 때문입니다.

258) 아닙니다. 분명 구약의 은혜언약의 경륜과 신약의 은혜언약의 경륜은 각각 다른 양상이었습니다.

259) "돌판에 쓴 것"과 "육의 마음판에 쓴 것"으로 구별하고 있습니다. 또한 6절에서는 이를 "율법 조문으로" 만족하게 한 것과 "영으로" 함으로 각각 구별하고 있습니다.

260) "구약은 율법의 시대, 신약은 은혜의 시대로 각각 다르다"고 생각하는 것은 하나님의 언약과 계시가 계속해서 변화했다고 보는 것이고, "구약에서의 은혜언약의 시행은 신약시대의 그것과는 달랐"다고 하는 것은 동일한(통일된) 은혜언약이 그 시행에 있어서 다른 양상이었다고 말하는 것입니다.

261) 그렇습니다.

262) "예표"였기 때문입니다.

263) 약속, 예언, 제사, 할례, 유월절과 다른 여러 예표들과 규례들입니다.

264) "육체의 예법"이라고 하면서 "개혁할 때까지 맡겨 둔 것이니

라."고 했습니다.

265) 결코 그렇지 않습니다. 오히려 구약의 믿음의 선진들은 그 가운데서 죄의 완전한 씻음과 영생하는 구원을 얻었습니다.

266) 그렇습니다. 특별히 10절에서 사도는 아브라함의 믿음에 대해 "하나님이 계획하시고 지으실 터가 있는 성을 바랐음이라."고 했는데, 더욱이 16절에서는 그 성을 일컬어 "더 나은 본향" 그리고 그들을 위하여 예비 된 "한 성"이라고 했습니다.

267) "실체"라고 말합니다.

268) 아닙니다. 오히려 "동일한 은혜언약"으로 말하고 있습니다.

269) "영광되었던 것이 더 큰 영광으로 말미암아 이에 영광될 것이 없으나 없어질 것도 영광으로 말미암았"다고 했으니, 구약시대의 은혜언약의 시행 또한 동일한 은혜언약으로 제시되었음을 나타냅니다.

270) "더 큰 영광"이요, "더욱 영광"된 점에서 다릅니다.

271) 말씀의 설교, 세례와 성찬의 성례가 있다고 했습니다.

272) 그렇지는 않습니다. 오히려 실체는 예수 그리스도의 오심이었으며, 신약시대의 말씀 설교와 성례는 더 크고 더욱 영광스런 은혜

언약의 실행입니다.

273) 옛 언약의 시행과 새 언약의 시행입니다. 6절에서는 이를 "율법 조문"과 "영"으로 대비시키고 있습니다.

274) "영의 직분" 곧 "새 언약"의 직분입니다.

275) "내 법을 그들의 생각에 두고 그들의 마음에 이것을 기록하리라"고 했습니다.

276) "더 좋은 약속으로 세우신 더 좋은 언약"으로 표현하고 있습니다.

277) "영과 진리로 예배할지니라"고 하셨습니다.

278) 그렇습니다. 새 언약의 시행은 더욱 크고 넓게, 그야말로 우주적으로 확장되는 성격입니다.

279) 아닙니다. 오히려 크게 줄어들었습니다.